HAMLET

William Shakespeare

Trosiad Gareth Miles a Michael Bogdanov

Coleg Sir Gâr
Canolfan Ddysgu
Llanelli
Learning Centre

Hamlet
William Shakespeare

Trosiad Gareth Miles a Michael Bogdanov

(h) Gareth Miles a Michael Bogdanov 2004 ©

Mae Gareth Miles a Michael Bogdanov wedi datgan eu hawl moesol
dan adran 77 a 78 Deddf Hawlfraint, Dyluniadau a Phatentau 1988
i gael eu cydnabod yn awduron y trosiad hwn.

Argraffiad cyntaf 2004

ISBN 1-902724-13-5

Cyhoeddwyd gan Wasg APCC
APCC, Ffordd Cyncoed
Caerdydd CF23 6XD
cgrove@uwic.ac.uk
029 2041 6515

Dymuna'r cyfieithydd gydnabod y cymorth ariannol a dderbyniodd gan
Gyngor Celfyddydau Cymru

Cyhoeddwyd â chymorth ariannol
Awdurdod Cymwysterau, Cwricwlwm ac Asesu Cymru

Cedwir pob hawl o ran y trosiad hwn a dylid cyfeirio unrhyw gais o ran ei
ddefnyddio, ei atgynhyrchu neu ei berfformio at y cyhoeddwr, Gwasg APCC.

Cysodwyd gan Bartneriaeth Elgan Davies, Caerdydd
Dyluniwyd y clawr gan Elfen, Bae Caerdydd
Argraffwyd gan J. W. Arrowsmith Cyf., Bryste

RHAGAIR Y CYFIEITHYDD

Gadewais y Coleg ar y Bryn ym 1960 gyda gradd gyfun symol mewn Saesneg ac Athroniaeth a chasineb at Shakespeare. Er gwaethaf fy hoffter a'm hedmygedd o'r diweddar Athro John F. Danby, adweithiwn yn gryf yn erbyn ei Shakespeare-addoliaeth ef ac ysgolheigion Seisnig eraill a ddwyfolai W.S.; gwelwn eu llafar a'u llên fel rhan o'r Seisnigrwydd imperialaidd a oedd yn rhemp y dyddiau hynny. Cenedlaetholdeb imperialaidd, haerllug yn datgan yn feunyddiol: 'Gynnon ni mae'r Lluoedd Arfog dewra'n y byd, y Frenhinas anwyla', y Teulu Brenhinol mwya' urddasol, y Senedd fwya' democrataidd, y ceir a'r awyrenna' cyflyma', y Gyfraith deca' a'r plismyn ffeindia'. Ac ar ben hyn i gyd, bardd-ddramodydd-lenor-broffwyd-athronydd-ddiwinydd-seicolegydd mwya'r Oesoedd.'

Ffyrnigwyd f'alergedd gan orfodaeth i ddarllen holl ddramâu'r paragon yn ystod ychydig fisoedd. Ni liniarodd yr haint nes imi ddarllen, rai blynyddoedd yn ddiweddarach, ysgrif gan James Baldwin, *Why I stopped hating Shakespeare.*

Ganwyd a magwyd Baldwin (1924-87) – nofelydd, dramodydd a beirniad – mewn ardal dlodaidd o Harlem, yn fab i bregethwraig efengylaidd a cherddor *jazz* di-ddal. Bu'n byw yn Ewrop, ym Mharis yn bennaf, rhwng 1948 a 1957, pryd y dychwelodd i'r Unol Daleithiau a chymryd rhan flaenllaw yn y frwydr dros gyfiawnder i'w bobl. Fel llawer o Affro-Americanwyr, ac o Gymry hefyd, o ran hynny, teimlai Baldwin i'r enwadau Protestanaidd a fu mor fawr eu dylanwad ar ei bobl, fod yn foddion i'w llwfrhau a'u dofi, ac i'w cymell i gydymffurfio â'r drefn a osodwyd ar eu gwarrau gan y genedl a'u gorthrymai. Mae thema ei ddrama hunan-gofiannol, *The Amen Corner*, yn Gymreig dros ben: Mab y Mans yn gwrthryfela'n erbyn ffydd ei fam a gwerthoedd ei gymdeithas, gan fynnu rhoi mynegiant i'w ddoniau a'i ddyheadau ei hun. (Sêt Fawr y Capel, lle y porthai'r diaconiaid y pregethwr, yw'r *Amen Corner*.)

Roedd rhesymau Baldwin dros gasáu Shakespeare yn debyg iawn i'm rhai i. Shakespeare oedd eicon mawr WASPS (*White Anglo-Saxon Protestants*) yr Unol Daleithiau. Fel y Saeson, mawrygai'r elît hwnnw ef mewn modd a godai gyfog ar aelodau o hiliau llai breintiedig. Goresgynnodd Baldwin ei ragfarn pan sylweddolodd fod awen Shakespeare yn perthyn i Ewrop gyn-Brotestanaidd nad oedd yn wyn iawn, lle roedd yr Eingl-Sacsoniaid yn lleiafrif, a bod ei weithiau'n herio ac yn tanseilio'r biwritaniaeth gul, philistaidd ac awdurdodol a arddelid – yn gyhoeddus, o leiaf – gan ddosbarthiadau llywodraethol Lloegr a'r Unol Daleithiau.

Ni chefais adferiad llwyr hyd nes i mi fy hun geisio ysgrifennu dramâu. Ni chofiaf y fan a'r lle y digwyddodd y dröedigaeth ond gwn pryd – ym 1984, yn ystod y cyfnod ymarfer ar gyfer cynhyrchiad cwmni Hwyl a Fflag o'm comedi, *Ffatri Serch*.

Deallaf, erbyn hyn, i'r ddrama honno gael ei chyfansoddi yn y dull Shakespearaidd; sef, y dramodydd yn cyflwyno cyfres o ddrafftiau i'r cyfarwyddwr a'r actorion a hwythau'n ei gynorthwyo, gyda'u hawgrymiadau a'u beirniadaethau i lunio sgript berfformiadwy. Roedd angen tipyn o help arnaf i, gan fod dylanwad *genres* yr oeddwn yn fwy cyfarwydd â hwy, y llith ddychanol a'r stori fer, yn drwm arnaf.

Ar derfyn gweithdy lle y tociwyd, yn ddidostur, lond bin o linellau yr oedd gen i feddwl mawr ohonynt, cwynais wrth Clive Roberts, *alias* y Parch. D. Culfor Roberts, BA, BD, YH, OBE: 'Pam mae Shakespeare yn cael getawê hefo areithia' mawr, hir, eu llond o jôcs ciami, tra'ch bod chi'n torri'n rhei i'n gria, ac yn cael gwarad o jôcs llawar mwy doniol?'

Ateb Clive oedd fod y naratif yn llifo drwy bob un o areithiau dramatig Shakespeare, waeth pa mor hir. Dywedodd hefyd y gall jôc dda atal llif y naratif; ac os felly, rhaid ei ddiddymu.

Dyna pryd y sylweddolais mai dramodydd oedd Shakespeare, yn anad dim, ac y dylid trin a thrafod ei ddramâu fel theatr yn gyntaf ac yna fel llenyddiaeth. Erbyn hyn, rwy'n amau nad actorion yn tocio llinellau oedd problem Will yn gymaint â rhai'n mynnu, fel bydd actorion, ei fod yn rhoi rhagor iddynt, a'r rheini'n fwy blodeuog. Yn wir, ceir tystiolaeth bod yr awdur yn ychwanegu talpiau at fersiynau o'i ddramâu a gyhoeddwyd mewn print yn ystod ei oes.

Teimlwn, wedi imi dderbyn comisiwn gan Michael Bogdanov a chwmni Traws Cymru i drosi *Hamlet* i'r Gymraeg, fel paffiwr cymedrol ei ddoniau a ymrwymwyd i ymladd â Muhammad Ali pan oedd y pencampwr hwnnw ym mlodau ei ddyddiau. Neu, a dod yn nes adref, fel aelod o dîm rygbi cenedlaethol Cymru yn meddwl am herio XV Lloegr yn Twickenham. Gwybod nad oedd dichon ennill ond gobeithio na chawn gweir.

Cyn mentro i'r sgwâr i ymaflyd codwm â Will fe wnes i, fel unrhyw athletwr ar drothwy gornest hollbwysig, ymbaratoi'n drylwyr. Roedd yr ymborth priodol yn allweddol. Dechrau pob dydd, gyda darlleniadau o'r Beibl – yr un go-iawn, nid y diweddariad diwinyddol-gywir. Pennod o'r Testament Newydd, i ystwytho'r traethu, a salm neu ddwy i gryfhau'r cyneddfau rhythmig. Amrywio hynny, ambell ddiwrnod, gydag ychydig ddalennau o *Weledigaethau'r Bardd Cwsg* a *Drych y Prif Oesoedd*.

Cefais gyngor ynglŷn ag iaith a mydryddiaeth Shakespeare a dramodwyr eraill gan yr hyfforddwr profiadol, Peter Hall (*Shakespeare's Advice to the Players*, Oberon Books, London):

'Some actors confuse verse with "poetry" – which they take to be the indulgent and often sentimental use of high emotion to support lyrical lines. "Purple passages" they may with justice call them. But verse is not necessarily "poetical" or even "purple". And it certainly isn't in Shakespeare. The main purpose of his verse is to represent ordinary speech and tell a story lucidly ...'

'Shakespeare is preserving the tension between the colloquial nature of his verse and the regularity of the iambic beat ... it is like great jazz playing. It must never slip totally out of the rhythm but it must challenge it all the time. It is dangerous, expressive and thus unexpected.'

O ddechreuadau cyntaf y prosiect, argyhoeddwyd fi mai camgymeriad fyddai ceisio efelychu *blank verse* y gwaith gwreiddiol. Dyma sut y ceisiaf egluro a chyfiawnhau'r ymateb greddfol hwnnw:

- Trosi'r ddrama yw'r nod ac nid cyfieithu'r geiriau. Fel drama i'w pherfformio yr ysgrifennwyd hon ac nid darn o lenyddiaeth i'w astudio mewn gwers neu seminar, nac ychwaith gyfres o areithiau soniarus i'w hadrodd yn y dull eisteddfodol. Dylai'r gwaith ymddangos fel drama Gymraeg newydd a luniwyd o hen chwedl. Ni ddylai ieithwedd y llinellau ddod rhwng y gynulleidfa a'r naratif na phylu ei hamgyffred o gyflwr emosiynol a seicolegol y cymeriadau.

- Mesur a luniwyd ar gyfer yr iaith Saesneg yw'r *iambic pentameter* ac mae'n anghydnaws â theithi'r Gymraeg. Neu, o leiaf, nid oes mo'i angen ar y Gymraeg, sy'n iaith fwy cyhyrog ac acennog na'r Saesneg. (Hoffwn drafod dilysrwydd y ddamcaniaeth hon gyda beirdd sy'n prydyddu yn y ddwy iaith.)

- Ffenomen dros dro oedd *blank verse* ar lwyfannau Lloegr, beth bynnag; dyfais a ddatblygwyd yn ystod y cyfnod pan berfformid yn yr awyr agored ac a ddiflannodd pan symudodd y chwarae dan do.

- Mae'r mesur penrhydd yn cynnig gwell gobaith i'r cyfieithydd o efelychu mydryddiaeth Shakespeare nag yw *blank verse* Cymraeg, sydd yn feichus o reolaidd, yn aml iawn.

Terfynaf fy llith gydag anogaeth y dyn ei hun, yng ngeiriau Hamlet a 'Nghymraeg i, i'w actorion ac i'w ladmerydd mewn iaith arall:

'Llefara'r araith, rwy'n erfyn arnat, fel y gwnes i gynnau; gad iddi lifo'n rhugl oddi ar dy dafod. Os gwnei di ei brygowthan hi, yn null llawer o'n hactorion, byddai'n well gen i i'r bloeddiwr cyhoeddus ei datgan ... Gwna bopeth yn ddiffwdan. Oblegid mae gofyn iti, yn rhyferthwy tymhestlog dy nwyd, yng nghanol corwynt dy deimladau, gaffael y cymedroldeb a'u gwna'n llyfn.'

(Act 3 Gol. 2)

Gareth Miles
Pontypridd
Gorffennaf 2004

RHAGAIR Y CYFARWYDDWR

Hamlet – hon yw'r ddrama sydd wedi treiddio ddyfnaf i ymwybyddiaeth y genedl Seisnig. Gellid dadlau mai hi yw drama enwocaf y byd, y ddrama fwyaf poblogaidd, y ddrama a ddyfynnir amlaf, y ddrama sydd wedi rhoi i'r bobloedd sy'n siarad Saesneg swmp sylweddol o eirfa a chyfeiriadaeth eu hiaith: 'to be or not to be', 'sweets for my sweet', ''tis brief as woman's love', 'something is rotten in the state of Denmark', 'the rest is silence' ac yn y blaen. Gwelir hi weithiau fel drama am yr unigolyn yn herio'r wladwriaeth, weithiau'n ddrama am hawl dyn i ddewis ei dynged, ac weithiau am wrthdaro rhwng da a drwg. Mae hi'n ddrama y mae grym a harddwch ysgubol yn ei hiaith a cheir ynddi ddadl athronyddol a diwinyddol am ystyr bod.

Mae *Hamlet* hefyd yn ddrama ynghylch ymgiprys am bŵer yng Ngogledd Ewrop. Does mo'r ots ai dyn hoyw sy'n casáu menywod yw Hamlet, ai anwadalwr Oidiposaidd, neu uchelwr hanner-pan, dyn ydyw a gaiff ei ddal ym mecanwaith olwyn fawr sy'n rholio'n anochel ar draws daear Denmarc. Hamlet yw'r gocosen sy'n torri'n rhydd o'r olwyn fawr ac sy'n gyrru stêm-rolar Clawdiws yn bendramwnwgl i lawr yr allt i'w mathru ill dau yn siwrwd wrth draed byddin fuddugoliaethus Norwy. A'r gwrthdaro angheuol rhwng Hamlet a Clawdiws, gornest ydyw rhwng y dieithryn o'r tu allan sy'n gwrthsefyll grymusterau'r 'olwyn fawr', chwedl Rosencrants, (neu ai Gildenstern ddywedodd hynny?) a'r unben sy'n ceisio llywio hynt yr olwyn wladwriaethol honno. Ac er bod honno yn aml wedi'i chladdu o dan domen o hunanfaldod seicolegol, mae yma stori wleidyddol gyffrous sy'n arwain at gyflafan ddychrynllyd. Mewn geiriau eraill, mae cynefindra â geiriau'r ddrama, a'r ffaith fod Hamlet yn un o'r prif eiconau diwylliannol sydd, o gymysgu ein trosiadau, yn porthi â dyfal donc geidwadaeth addysgwyr a gwleidyddion, wedi helpu i guddio'r ffaith mai hon yw drama wleidyddol fwyaf pwerus yr oesoedd.

Ers canrif a rhagor bellach, manylder naturiolaidd fu ein prif arddull a'n traddodiad theatrig. Mae cynulleidfaoedd heddiw'n mynnu esboniad rhesymegol. Nid mater yw hi o daro'n pennau ag un llaw a rhwbio'n boliau theatrig â'r llall ar yr un pryd. Mae cynulleidfa'n uniaethu â darn o theatr yn y fan a'r lle y'i perfformir. Nid yw'r gynulleidfa'n dweud wrthi hi ei hun 'digwyddodd hyn'na bedwar can mlynedd yn ôl'. Os cysylltir ac uniaethir â hi, pe na bai ond am eiliad, yna daw'r ddrama ar unwaith yn un sy'n perthyn i'n cyfnod ni. Dyna pam y galwyd Shakespeare y dramodydd mwyaf sy'n fyw heddiw a *Hamlet* yn theatr gyfoes sy'n gyfoes am byth.

Dyma farn Bertolt Brecht am y ddrama yn ei *Organum Byr ar gyfer y Theatr*, a ysgrifennwyd yn fuan ar ôl yr Ail Ryfel Byd: ' ... dylai'r theatr feddwl bob amser am anghenion ei chyfnod. Cymerer, er enghraifft, yr hen ddrama *Hamlet*. Yn y cyfnod tywyll a gwaedlyd pan ysgrifennaf hyn o eiriau, a chan wylio'r dosbarth troseddol sy'n ein llywodraethu a sylwi ar anobaith yn trechu rheswm ymhobman, credaf y gellir darllen stori'r ddrama hon fel a ganlyn: Mae hi'n adeg rhyfel. Yr oedd tad Hamlet, Brenin Denmarc, mewn rhyfel anrheithiol, buddugoliaethus, wedi lladd Brenin Norwy. Tra bo mab hwnnw (a nai'r brenin presennol), Ffortinbras, yn ymbaratoi at ryfel newydd, lleddir Brenin Denmarc gan ei frawd ei hun. Mae brodyr y ddau frenin a laddwyd, ar ôl iddynt ddod yn frenhinoedd eu hunain, yn cyhoeddi heddwch a chaniateir i filwyr Norwy, ar eu ffordd i ryfel anrheithiol yn erbyn Gwlad Pwyl, ymdeithio dros diriogaeth Denmarc. Ar yr union adeg hon, mae ysbryd rhyfelgar y Tad yn gofyn i Hamlet ifanc dalu'r pwyth am y drosedd a gyflawnwyd yn ei erbyn. Ar ôl petruso ac ymholi a ddylai gyflawni gweithred waedlyd i ddial am weithred waedlyd arall, mae Hamlet – a oedd yn barod hyd yn oed i dderbyn alltudiaeth – yn cyfarfod â'r Ffortinbras ifanc a'i filwyr ar lan y môr, ar eu ffordd i Wlad Pwyl. Gan efelychu milwriaeth y tywysog Norwyaidd, mae'n dychwelyd i Elsinor ac mewn cyflafan erchyll yn lladd ei ewythr, ei fam ac ef ei hun gan adael Denmarc yn ysglyfaeth i'r Norwyaid. Gwelwn, felly, sut y mae'r gŵr ifanc hwn, sydd eisoes braidd yn dew, yn camddefnyddio'r ddysg a gafodd ym Mhrifysgol Wittenburg. Mae'r ddysg hon yn faen tramgwydd wrth iddo geisio datrys croestyniadau'r byd ffiwdal. Di-werth a di-fudd yw ei reswm pan ddaw wyneb yn wyneb ag afreswm realaeth. Daw'n ysglyfaeth drychinebus i'r gagendor rhwng ei resymeg a'i weithredoedd.'

Dylanwadwyd ar lawer o syniadaeth y cyfnod ar ôl yr Ail Ryfel Byd gan ffilm Laurence Olivier o *Hamlet*. Lluniodd Olivier ei ffilm i hepgor nid yn unig Ffortinbras, ond Rosencrants a Gildenstern hefyd, a chan hynny mae'n pwysleisio natur anghnawdol mewnblygrwydd Hamlet ac – mae hyn yn allweddol – yn 'sbaddu Clawdiws yn ogystal. Mewn geiriau eraill, newidiodd Olivier stori'r ddrama yn ei hanfod, fel y gwnaeth Mathew Warchus a Peter Brook yn eu cynyrchiadau diweddar, gan ddilyn yn ôl troed Olivier a thorri'r ddrama i ryw ddwyawr o hyd. Maent felly yr un mor euog o lygru golygyddol â'r llên-ladron a gyhuddir gan genedlaethau o feirniaid o lygru'r Cwarto Cyntaf.

Pryd mae'r holl ddigwyddiadau hyn a ddisgrifir gan Horasio/Marselws yn digwydd? Ddeng mlynedd ar hugain yn ôl. Y ffynhonnell? Y Torwyr Beddau, ac mae'r dystiolaeth hon yn hanfodol bwysig ar sawl cyfrif. Beth felly fu'r hen Hamlet yn ei wneud ers deng mlynedd ar hugain? Gorffwys ar ei rwyfau a'i ysbail, mae'n debyg, gan fod lluoedd gelyniaethus yn ymgasglu ar y ffin unwaith eto; ymhonwyr ifainc o Norwy a Gwlad Pwyl, sy'n eiddgar i ddial, yn awchu i adennill tiroedd y maent yn argyhoeddedig eu bod yn eiddo iddynt hwy. Gwyddai Clawdiws mai ffolineb fyddai gadael i'w frawd ddelio â'r argyfwng. Does fawr o bwynt i'r hen Hamlet ymorchestu yn ei fri milwrol, sydd bellach yn garpiau. Gallai Denmarc gael ei goresgyn unrhyw funud. A dyna pam y lladdodd Clawdiws yr hen Hamlet a chydio yn awenau'r wladwriaeth.

Mae diorseddu teyrn yn thema y mae Shakespeare yn dychwelyd ati'n gyson yn ei ddramâu, gan ddatgan dro ar ôl tro nad yw gwaed yn dewach na dŵr. Gwelir brawd yn lladd ei frawd, tad yn bradychu ei fab, mab yn lladd ei dad, cefnder yn lladd ei gefnder. Mae dramâu Hanes Shakespeare yn litani o alanastrau a llofruddiaethau teuluol.

Roedd y pwnc yn cyfareddu Shakespeare tan ddiwedd ei oes. (Gweler y berthynas rhwng Prospero ac Antonio yn *Y Dymestl*.) Cwestiwn: Ai oherwydd ei gariad at Gertrwd y lladdodd Clawdiws ei frawd? Amhosib. Nid oes neb yn llofruddio brenin, yn dienyddio unben, yn llofruddio arlywydd, ac yn cydio yn llyw llywodraethol ei wlad oherwydd Serch. Pwy sydd eisiau'r holl broblemau sy'n deillio o ddiweithdra, codi trethi a rhyfela? **Rhaid i'r dyn chwenychu grym ac awdurdod.** Hwyrach yn wir bod Clawdiws yn caru Gertrwd, ond gallai fod wedi cael y maen i'r wal heb gur pen llywodraethu gwlad a oedd eisoes mewn trafferthion difrifol. Os yw dyn yn trawsfeddiannu gwlad, bydd yn etifeddu'r holl broblemau sy'n perthyn iddi hefyd. Ac nid brenin esgeulus mo Clawdiws. Mae'n derbyn y cyfrifoldebau sy'n deillio o'i weithred lofruddiaethol ac yn paratoi ei deyrnas at ryfel. Hanfodion grym gwleidyddol ynghyd â'r defnydd a'r camddefnydd a wneir ohono; diorseddu teyrn; yr awch imperialaidd, anorfod i oresgyn gwledydd – y rhain yw'r themâu.

Mae'r darlun a etifeddwyd o'r tywysog gwelw, main, pruddglwyfus yn un rhamantaidd. Ysgrifennwyd y rhan ar gyfer Syr Richard Burbage pan oedd yn 37 mlwydd oed ac, yn ôl tystiolaeth y darluniau, yn pwyso tua dwy stôn ar bymtheg. Pan ddywed Gertrwd, 'he's fat and scant of breath' dyna'n hollol y mae'n ei feddwl. Ni wna'r tro i smalio bod 'fat' yn golygu 'sweaty'. Ym mhob cyd-destun arall yn Shakespeare mae 'fat' yn golygu 'tew' neu 'boliog'. 'Fat' oedd Falstaff, nid 'sweaty'. Felly hefyd Syr Toby Belch. Ac eto'r unig gyfeiriad at Hamlet boliog yw gwawdlun gan Robert Dighton ym 1794 o Stephen Kemble yn y rhan.

HORASIO   Colli wnewch chi, f'arglwydd.

HAMLET   Nage. Rwyf wedi bod yn ymarfer yn gyson er pan aeth e i Ffrainc.

                                                 (Act 5 Gol. 2)

Ymarfer yn gyson? Am y tri neu bedwar mis diwethaf y cyfan a wnaeth oedd rhedeg o gwmpas y palas fel dyn o'i go'. Dim sôn am gadw'n heini, lloncian na rhoi tro ar y beic ymarfer. Dim rhyfedd ei fod yn 'brin ei wynt'. Roedd Brecht yn llygad ei le.

Michael Bogdanov
Gorffennaf 2004

CYMERIADAU'R DDRAMA

YSBRYD HAMLET	diweddar Frenin Denmarc
CLAWDIWS	ei frawd, sy'n awr yn Frenin Denmarc
GERTRWD	Brenhines Denmarc, gweddw'r diweddar Frenin ac sy'n awr yn wraig i'w frawd, Clawdiws
HAMLET	mab y diweddar Frenin Hamlet a Gertrwd
POLONIWS	Prif Gynghorwr y Brenin
LAERTES	mab Poloniws
OFFELIA	merch Poloniws
REINALDO	gwas Poloniws
HORASIO	cyfaill y Tywysog Hamlet

FOLTEMAND
CORNELIWS
ROSENCRANTS
GILDENSTERN   aelodau o'r Llys
OSRIC
UCHELWR
BONHEDDWYR

FFRANSISCO
BARNARDO   milwyr
MARSELWS

DAU NEGESYDD
MORWR
DAU WERINWR   torrwr beddau a'i gyfaill
OFFEIRIAD

FFORTINBRAS	Tywysog Norwy
CAPTEN	sy'n Norwyad

LLYSGENHADON SEISNIG

YR ACTOR CYNTAF	sy'n arwain y Cwmni ac yn chwarae rhan brenin
YR AIL ACTOR	sy'n chwarae rhan brenhines
Y TRYDYDD ACTOR	sy'n chware rhan Lwsianws, nai y brenin
Y PEDWERYDD ACTOR	sy'n llefaru'r Prolog

Arglwyddi, gweision, actorion, gwarchodwyr, milwyr, cefnogwyr Laertes, morwyr

LLEOLIAD: castell brenhinol Elsinor, Denmarc

Act 1

Golygfa **1**

Enter BARNARDO *a* FRANSISCO, *dau wyliwr*

BARNARDO   Pwy sy 'na?

FRANSISCO   Na. Ateb di fi. Sa' a datgelu dy hun.

BARNARDO   Hir oes i'r Brenin!

FRANSISCO   Barnardo!

BARNARDO   Ie, fi.   5

FRANSISCO   Fe ddest ti'n brydlon iawn.

BARNARDO   Mae wedi taro hanner nos. Cer di i dy wely, Fransisco.

FRANSISCO   Diolch am y gymwynas. Mae'n oer ddychrynllyd.
           A rhyw ddiflastod yn pwyso ar fy nghalon.

BARNARDO   Gest ti wyliadwriaeth dawel?   10

FRANSISCO   Chlywais i'r un smic.

BARNARDO   Wel, nos da. Os gweli di 'mhartneriaid i, Horasio a Marselws,
           dwed wrthyn nhw am frysio.

Enter HORASIO *a* MARSELWS

FRANSISCO   Rwy'n meddwl 'mod i'n eu clywed nhw. Sefwch!
           Pwy sy 'na?   15

HORASIO   Gwlatgarwyr pybyr.

MARSELWS   A deiliaid Brenin Denmarc.

FRANSISCO   Nos da ichi'ch dau.

MARSELWS   Da bo ti, filwr dewr.
           Pwy gymrodd dy le di?   20

FRANSISCO   Barnardo.
           Nos da ichi eto.   [*Exit*

MARSELWS   Hei! Barnardo!

BARNARDO   Sut? Ydy Horasio yna?

HORASIO	Darn ohono.	25
BARNARDO	Croeso, Horasio. Croeso, Marselws.	
MARSELWS	Wel, ymddangosodd y peth hwnnw heno eto?	
BARNARDO	Welais i ddim.	
MARSELWS	Mae Horasio'n gwrthod rhoi unrhyw goel ar yr hyn a welsom ni ddwywaith. Mae'n honni inni ddychmygu'r cyfan. Dyna pam rwyf wedi ei berswadio i gadw gwyliadwriaeth gyda ni heno, iddo yntau fod yn dyst os ymddengys y rhith, a'i gyfarch hefyd.	30
HORASIO	Lol botes. Ddaw e ddim.	
BARNARDO	Eistedda di'n fan 'na, a gad inni roi cynnig ar dy argyhoeddi di bod ein stori ni am ddigwyddiadau'r ddwy noson ddiwethaf yn berffaith wir.	35
HORASIO	Eistedded pawb a gwrando ar chwedl Barnardo.	
BARNARDO	Neithiwr ddiwethaf, a'r seren orllewinol acw'n yr union fan lle saif yn awr, y gloch newydd daro un, Marselws a minnau'n ...	40

Enter YR YSBRYD

MARSELWS	Ust! Taw! Dacw fe, eto fyth!	
BARNARDO	Yr un ffunud â'r Brenin fu farw.	
MARSELWS	Rwyt ti'n ysgolhaig, Horasio. Siarad ag e.	45
HORASIO	Beth wyt ti, sy'n rheibio'r nos yn ffurf a drych gosgeiddig ein diweddar frenin? Yn enw'r Nef, ateb fi.	
MARSELWS	Fe'i digiwyd.	
BARNARDO	'Drychwch. Mae'n brasgamu bant.	
HORASIO	Aros. Llefara. Rwy'n mynnu ateb.	[*Exit* YR YSBRYD 50
MARSELWS	Aeth heb yngan gair.	
BARNARDO	Pa hwyl erbyn hyn, Horasio? Rwyt ti braidd yn welw. Yn crynu fel deilen. On'd yw hyn yn rhywbeth mwy na dychymyg? Beth ddwedi di'n awr?	

| HORASIO | Wir Dduw, oni bai imi weld y rhith â'm llygaid fy hun, fyddwn i byth wedi coelio. | 55 |

| MARSELWS | On'd oedd e'n debyg i'r Brenin? | |

| HORASIO | Cyn debyced ag wyt ti i ti dy hun.
Rwy'n ofni fod hyn yn darogan drwg i'n gwlad. Gadewch inni eistedd. Rwyf am i un ohonoch esbonio wrtho i'r rheswm am y wyliadwriaeth hon, a pham mae'r fath brysurdeb, Sul, gŵyl a gwaith, ym mhob cwr o'r wlad, i gynhyrchu magnelau, adeiladu llongau a mewnforio arfau? Beth ysgogodd y fath ddiwydrwydd diwydiannol, beunydd, beunos? | 60 |

| MARSELWS | Dyma'r si, Horasio. Heriwyd Hamlet, ein brenin diwethaf, fel y gwyddost, yn haerllug iawn gan Ffortinbras, Brenin Norwy, i ornest ddeuddyn. Hamlet drechodd, gan ladd Ffortinbras, a gollodd nid yn unig ei einioes ond hefyd, yn ôl amodau'r her, diroedd a stadau eang. Yn awr, dyma Ffortinbras, mab y Ffortinbras hwnnw, yn llawn eiddgarwch llanc di-brofiad, yn cynnull haid ddanheddog o ddihirod hwnt ac yma hyd ororau Norwy a'u cyflogi i adfeddiannu trwy drais y dreftadaeth a gollwyd gan ei dad. Hynny, rwy'n amau sydd wedi ennyn cyffro a gweithgaredd drwy'r deyrnas benbaladr, a dyna'r rheswm hefyd dros ein gwyliadwriaeth ni. | 65

70

75 |

| HORASIO | Llwchyn i anniddigo llygaid ein meddyliau oedd y ddrychiolaeth. Pan oedd ymerodraeth Rhufain ar ei hanterth, ychydig ddyddiau cyn y llofruddiwyd Iwl Cesar, gwagiwyd beddrodau'r ddinas a gwichiai cyrff y meirwon atgyfodedig yn y strydoedd. | |

Enter YR YSBRYD

'Drychwch. Mae'n dychwelyd!   80
                    [*Lleda ei freichiau*
Sa', rith.
Os gelli yngan geiriau llefara wrtho i.
Os gwyddost rywbeth am dynged ein gwlad, gwybodaeth gyfrin a'i diogelai, llefara!
Os cleddaist, pan rodiet y ddaear, drysor yn ei chroth, dywed   85
wrthym.
                           [*Cân y ceiliog*
Aros, a llefara. Rhwystra fe, Marselws.

MARSELWS	Drawa i e?	
HORASIO	Os oes raid.	
BARNARDO	Dyma fe.	90
HORASIO	Mae e yma.	[*Exit* YR YSBRYD
BARNARDO	Roedd e ar fin siarad pan ganodd y ceiliog.	

HORASIO   Dychrynodd fel peth euog. Ond wele'r wawr yn troedio gwlith
y llethrau acw tua'r dwyrain. Daeth ein gwyliadwriaeth i ben.
Rwy'n meddwl y dylem hysbysu'r Tywysog Hamlet o'r hyn   95
a welsom. Mae'n bosib y byddai'r ysbryd mud yn barod i
lefaru wrtho fe.

MARSELWS   Rwy'n cytuno. Ac yn digwydd gwybod ble y down o hyd
i'n harglwydd y bore 'ma.

Golygfa   2

Seiniau cerddorol.   *Enter* CLAWDIWS, *Brenin Denmarc*,
GERTRWD *y Frenhines*, *ynghyd â'r* CYNGOR, *gan gynnwys*
POLONIWS *a'i fab* LAERTES, FOLTEMAND, CORNELIWS, HAMLET
a GWEISION Y LLYS.

BRENIN   Glaswyrdd yw'r atgof am farwolaeth Hamlet, ein hannwyl frawd,
a gweddus oedd i'n c'lonnau ni alaethu
ac i'r deyrnas oll grebachu yn ei galar
megis talcen rhychiog, prudd.
Serch hynny bu'n frwydr rhwng ein trallod a'n darbodaeth   5
fel ag i ofid doeth ein hannog i feddwl
amdanom ni ein hunain tra'n galaru.
Gydag angladdol lawenydd a thristwch priodasol
yn gymysg, felly, yr ydym
wedi ymbriodi â'r hon a fu gynt yn chwaer i ni,   10
ond sydd yn gymar, bellach, ac yn
Frenhines Gydweddog ar y deyrnas hon;
teyrnas sydd yn awr ar drothwy rhyfel.

Hynny ni wnaed heb ymgynghori â chi
a derbyn eich cydsyniad graslon.   15
Diolchwn ichi o waelod calon am hyn.
Nid yw'r mater nesaf yn anghyfarwydd i'r un ohonoch.
Cyfeirio'r wyf at hyfdra'r Ffortinbras ifanc sydd,
un ai oherwydd fod ganddo feddwl isel iawn
o'n gwerth, neu am iddo dybio mai sigledig yw ein teyrnas   20
yn sgîl marwolaeth ein diweddar, annwyl frawd,
a gobeithio'n gyfeiliornus y gall fanteisio ar hynny,
wedi galw arnom i ildio'r tiroedd a enillwyd yn
gyfreithlon gan ein gwrol frawd.
Dyna hen ddigon am y llanc. Ymlaen yn awr at   25
brif fater y cynulliad hwn, sef,
ein hymateb ni. Dyma lythyr at Frenin Norwy,
ewyrth Ffortinbras, henwr musgrell, cystuddiedig
na wŷr fawr am amcanion ei nai,
yn galw arno i lyffetheirio ac i wahardd ei gâr   30
rhag listio byddin o blith ei ddeiliaid
a chasglu ynghyd arfau ac adnoddau militaraidd.
Yr ydym felly yn eich anfon chi, Corneliws a Foltemand ffyddlon,
gyda'r cyfarchiad hwn at frenin hynafol Norwy,
heb unrhyw hawl i drafod ymhellach gyda'i Fawrhydi   35
y materion sy'n gynwysedig yn fy llythyr.
Da bo chi.
Boed eich brys yn ernes o'ch teyrngarwch.

FOLTEMAND *a*   Yn hyn ac ym mhopeth amlygwn ein hufudd-dod a'n
CORNELIWS   ffyddlondeb.   40

BRENIN   Duw fo'n gydymaith ichi.

[*Exeunt* FOLTEMAND *a* CORNELIWS

Ac yn awr, Laertes, beth yw dy newydd di? Cyfeiriaist at ryw
ddeisyfiad. Beth yw e, Laertes? Mae cysylltiad dy dad â
Gorsedd Denmarc fel perthynas y pen â'r galon ac mor
ddefnyddiol ag yw'r llaw i'r geg.   45

LAERTES   F'arglwydd Frenin, ceisiaf eich awdurdod a'ch caniatâd i
ddychwelyd i Ffrainc. Deuthum yn f'ôl i Ddenmarc er mwyn
bod yn bresennol yn nefod eich coroni, yn unol â'm dyletswydd

	ac yn ewyllysgar iawn. A'r ddyletswydd honno bellach wedi ei chyflawni mae fy meddyliau'n hedfan tua Ffrainc ac yn fy nghymell i erfyn arnoch am drwydded i'w dilyn.	50
BRENIN	A yw dy dad yn fodlon? Beth ddywed Poloniws?	
POLONIWS	Llwyddodd fy mab, f'arglwydd, trwy ymbil taer i ddwyn perswâd arnaf i gydsynio, yn gyndyn iawn dros ben, i adael iddo fynd.	55
BRENIN	Cer di pan fynni, Laertes. Mwynha flodau dy ddyddiau. Ond yn awr, Hamlet, fy nghâr a'm mab.	
HAMLET	[*Neilleb*] Mwy na châr ond llai caredig.	
BRENIN	Pam mae cymylau pygddu'n hofran uwch dy ben?	
HAMLET	Dim o'r fath beth, f'arglwydd, a haul dihafal Denmarc yn t'wynnu arnaf.	60
BRENHINES	Hamlet annwyl, dihatra liwiau'r nos ac edrych â llygaid cyfaill ar dy Frenin. Rho'r gorau i chwilio am dy dad pendefigaidd yn y llwch a derbyn y drefn sy'n mynnu fod rhaid i bopeth byw farw ryw ddydd, yn ystod ei daith drwy'r byd i dragwyddoldeb.	65
HAMLET	Ie, madam. Dyna'r drefn.	
BRENHINES	Os felly, pam raid i ti ymddangos mor wahanol i bawb arall?	
HAMLET	'Ymddangos', madam? Nage. Fel hyn y mae hi. Nid y clogyn du, Mam annwyl, y dillad parch, y galar ar fy wyneb, na f'osgo torcalonnus sy'n cyfleu yr hyn wyf i. Ymddangosiadau ydyw'r rhain. Addurniadau prudd. 'Stumiau hawdd eu ffugio. Yn fy enaid mae teimladau na ellir eu mynegi	70
BRENIN	Tra chymeradwy ydyw dy hiraeth am dy dad, Hamlet, eithr fel y gwyddost, collodd dy dad di ei dad, a chollodd y tad hwnnw ei dad yntau. Gwrthnysigrwydd annuwiol yw rhygnu 'mlaen mewn trallod. Gofid gwangalon ydyw, yn difrïo gras y nef. Erfyniwn arnat i fwrw'r tristyd hwn o'r neilltu'n awr gan edrych arnaf i fel tad. Cyhoeddaf gerbron y byd mai ti sydd nesaf at yr Orsedd,	75 80

a bod fy nghalon i yn llawn o'r cariad
cywir hwnnw a deimla'r tad anwylaf at ei fab.
Gan hynny, mae d'awydd di i'n gadael   85
a mynd yn ôl i Wittenberg a'r Brifysgol
yn siom o'r mwyaf ac yn wrthwynebus i'n hewyllys.
Gan erfyn arnat felly,
y mynnwn dy fod ti'n aros yma gyda ni
i lonni'n llygaid a chysuro'n calon,   90
ein prif ŵr llys, ein câr a'n hannwyl fab.

BRENHINES   Na foed gweddïau dy fam yn ofer, Hamlet. Aros gyda ni.
Rwy'n ymbil arnat. Paid â dychwelyd i Wittenberg.

HAMLET   Rwy'n gwneud fy ngorau'n wastadol i ufuddhau i chi, madam.

BRENIN   Am ateb teg a serchus. Bydd dithau'n frenin yn Nenmarc.   95
Dewch, madam. Mae ateb bonheddig, ewyllysgar Hamlet wedi
llonni 'mryd. Fel ernes o'm boddhad, nid yfir dracht gan frenin
Denmarc heddiw heb i fagnelau'r castell ddatgan hynny, gan
beri i'n gorfoledd teyrnaidd ddiasbedain hyd y nef. Dewch.
Ymaith â ni.   100

[*Sain cerddoriaeth. Exeunt oll ac eithrio* HAMLET

HAMLET   O na allai'r cnawd halogedig hwn
feirioli ac anweddu'n wlith,
neu na fyddai'r Hollalluog heb wahardd hunan-laddiad.
Arglwydd mawr!
Mor llesg, di-ddim, diflas a di-fudd   105
i mi yw'r byd a'i bethau!
Ffiaidd, ffiaidd,
fel gardd a'i llond o chwyn a mieri,
wedi ei goresgyn gan bethau gwrthun natur.
Iddi fod wedi dod i hyn.   110
Ddeufis wedi ei farwolaeth,
na, prin ddeufis!
Ac yntau'n Frenin mor ardderchog –
duw o'i gymharu â'r bwch yma!
Mor garcus o fy mam y pallai adael   115
i'r awel dyneraf anadlu ar ei hwyneb.
Nefoedd fawr! Oes raid imi gofio?

Fel y byddai hi'n lapio'i breichiau amdano,
fel petai'r serch a'i porthai'n ychwanegu at ei chwant.
Ac o fewn mis.   120
Na. Wiw imi feddwl am y peth.
Gwendid, menyw wyt ti!
O fewn cwta fis,
a'r esgidiau a wisgai wrth ddilyn, dan wylo,
arch fy nhad druan, heb heneiddio dim,   125
fe wnaeth hi, ie, hi –
O Dduw Hollalluog, buasai anifail digydwybod wedi galaru'n
    hwy –
fe briododd hi â f'ewyrth,
brawd fy nhad,   130
ond dim tebycach i 'nhad nag yr wyf i i Samson.
Priodi o fewn mis.
Hedfan ar wib anfoesol i wely llosgach.
Ni all dim daionus ddeillio o'r fath lygredd.

Enter HORASIO, MARSELWS, *a* BARNARDO

HORASIO	Henffych well, f'arglwydd!

                                                                 135

HAMLET	Rwy'n falch o'ch gweld chi'n edrych mor dda. Horasio – oni bai 'mod i'n methu'n arw?
HORASIO	Ie, f'arglwydd, a'ch ufudd was hyd byth.
HAMLET	Eich gwas chithau, gyfaill annwyl. Beth ddaeth â chi o Wittenberg, Horasio? Marselws, ie?

                                                                 140

MARSELWS	F'arglwydd!
HAMLET	Mae'n dda iawn gen i'ch gweld chi. [*Wrth* BARNARDO] Bore da, syr. [*Wrth* HORASIO] O ddifri. Pam gadawoch chi Wittenberg?
HORASIO	Rwy'n chwarae triwant.
HAMLET	Alla i ddim rhoi coel ar hynny. Beth yn union ddaeth â chi i Elsinor? Fe ddysgwn ichi yfed cyn 'madael.

                                                                 145

HORASIO	Fe ddes i ar gyfer angladd eich tad.
HAMLET	Paid â 'mhlagio i, gyd-fyfyriwr. Rwy'n meddwl iti ddod ar gyfer priodas fy mam.
HORASIO	Mae'n wir i'r naill achlysur ddilyn y llall yn glau.

                                                                 145

HAMLET	Darbodaeth, Horasio. Roedd y pasteiod angladdol oer yn amheuthun ar fyrddau'r neithior. Gwell fuasai gen i gwrdd â 'ngelyn pennaf yn y byd a ddaw na byw drwy'r diwrnod hwnnw eto, Horasio. 'Nhad ... Rwy'n gallu gweld fy nhad ...
HORASIO	Ymhle, f'arglwydd? 155
HAMLET	Â llygaid fy nychymyg, Horasio.
HORASIO	Fe welais i e unwaith. Brenin ardderchog.
HAMLET	Roedd e'n ddyn. Beth bynnag arall ddywedir amdano, roedd e'n ddyn na welwn ni mo'i debyg eto.
HORASIO	Rwy'n meddwl, f'arglwydd, imi ei weld e neithiwr. 160
HAMLET	Gweld? Pwy?
HORASIO	Eich tad. Y Brenin, f'arglwydd.
HAMLET	Fy nhad? Y Brenin?
HORASIO	Ddwy noson yn olynol, yn ystod eu gwyliadwriaeth, cyfarfu'r gwyrda hyn, Marselws a Barnard, ffigwr tebyg i'ch tad, 165 wedi ei arfogi'n gyflawn, yr un ffunud â'r diweddar Frenin. Ymddangosodd yn ddisymwth a rhodio'n urddasol, hyd pastwn oddi wrthynt, yn ôl a blaen, deirgwaith. Cymaint oedd eu harswyd, bu bron iddynt lewygu wrth wylio'n gegrwth a diymadferth. Wedyn, rhoesant wybod i mi am yr hyn a welsant, 170 gan fy siarsio i gadw'r gyfrinach ddychrynllyd. Ac felly, neithiwr, fe ymunais i â nhw a gweld y rhith, yn union fel y disgrifion nhw fe, ac ar yr un awr o'r nos hefyd. Nid yw fy nwy law'n debycach i'w gilydd.
HAMLET	Ble y bu hyn? 175
MARSELWS	Ar y mur, f'arglwydd, lle y byddwn ni'n cadw'r wyliadwriaeth.
HAMLET	Siaradoch chi ag e?
HORASIO	Gwnes i, syr.
HAMLET	Hynod iawn.
HORASIO	Ar f'einioes, f'arglwydd, mae hyn yn wir. Roeddem oll yn 180 gytûn bod dyletswydd arnom i roi gwybod ichi.
HAMLET	Wrth gwrs, foneddigion. Wrth gwrs. Mae'n fy mlino'n enbyd. Fyddwch chi ar ddyletswydd heno?

OLL	Byddwn, f'arglwydd.	
HAMLET	Roedd e'n arfog, meddech chi?	185
OLL	Oedd, f'arglwydd.	
HAMLET	O'i ben i'w draed?	
OLL	O'i gorun i'w sawdl.	
HAMLET	Weloch chi mo'i wyneb e felly?	
HORASIO	O, do, f'arglwydd. Roedd ei fisiwrn e lan.	190
HAMLET	Oedd e'n gwgu?	
HORASIO	Roedd mwy o dristwch ar ei wedd na dicter.	
HAMLET	Gwelw oedd e, ynte gwridog?	
HORASIO	Gwelw iawn.	
HAMLET	Edrychodd e arnoch chi?	195
HORASIO	Fe syllodd e'n ddwys iawn arnom ni.	
HAMLET	Gresyn nad oeddwn i yno.	
HORASIO	Buasech wedi'ch syfrdanu.	
HAMLET	Rwy'n siŵr. Arhosodd e'n hir?	
HORASIO	Gyhyd ag y cymerai ichi gyfri at gant, heb frysio.	200
MARSELWS *a* BARNARDO	Hwy, hwy.	
HORASIO	Nid pan welais i e.	
HAMLET	Oedd ei farf e'n frith?	
HORASIO	Fel y gwelais i e pan oedd e'n fyw. Blew arian a gloywddu'n gymysg.	205
HAMLET	Fe wyliaf innau heno. Efallai y gwnaiff e rodio eto.	
HORASIO	Rwy'n siŵr y gwnaiff e.	
HAMLET	Os cadwoch y gyfrinach tan hyn, parhaed felly, os gwelwch yn dda. Gwobrwyir eich caredigrwydd. Da bo chi. Fe ddof atoch ar y mur rhwng un ar ddeg a hanner nos.	210
OLL	Eich gweision ffyddlon, f'arglwydd.	
HAMLET	Diolch o galon ichi, a da boch.	

[*Exeunt oll ac eithrio* HAMLET

Ysbryd fy nhad! Yn arfog! Mae rhywbeth mawr o'i le. Rhyw
anfadwaith, synnwn i ddim. Deled y nos. Tan hynny, f'enaid,
bydd dawel. Er cuddio camwedd yng nghrombil y ddaear, fe   215
gwyd i lygad yr haul, yn y man.

[*Exit*

Golygfa

Enter LAERTES *ac* OFFELIA

LAERTES   Mae 'ngeriach ar y llong. Da bo ti, chwaer fach. Cofia
             'sgrifennu ata i'n aml.

OFFELIA   Rwyt ti'n gwybod y gwna i.

LAERTES   Ynglŷn â Hamlet a'i ddwli, deall di nad yw hynny'n ddim ond
             chwiw neu fympwy uchelwr ifanc, nwydwyllt. Blodeuyn   5
             byrhoedlog, peraroglus sy'n diddanu am ennyd fer cyn gwywo.
             Dyna i gyd.

OFFELIA   Dyna i gyd?

LAERTES   Dyna i gyd. Nid fe biau'i ewyllys, cofia, oherwydd ei dras.
             All e ddim, fel dyn cyffredin, briodi cymar fydd at ei ddant,   10
             gan fod ffyniant a diogelwch y deyrnas yn ddibynnol ar ei
             ddewis. Mae'n rhaid i'r dewis hwnnw gyd-fynd ag anghenion
             y wlad y bydd e'n ben arni, a barn ei deiliaid. Meddylia am y
             difrod a wneid i d'anrhydedd di petaet ti'n rhoi coel ar ei
             honiadau serchus, yn colli dy galon, neu'n ildio trysor dy   15
             ddiweirdeb i'w drachwant. Bydd yn ofalus, Offelia. Bydd di'n
             ofalus iawn, chwaer fach. Paid â gadael i dy deimladau
             d'arwain ar gyfeiliorn. Mae'r eneth fwyaf carcus yn mentro
             gormod wrth ddateglu ei glendid i belydrau'r lloer. Cymer di
             ofal, felly. Ofn yw'r amddiffyn gorau.   20

OFFELIA	Saif dy rybudd yn fy nghalon fel gwyliwr ar y tŵr. Ond, paid ti, frawd mawr, â rhagrithio trwy gyfeirio fy nghamre i ar hyd y llwybr dreiniog, serth i'r Nef, tra byddi dithau, yn ofer ac anfoesol, yn teithio i'r cyfeiriad arall, gan anwybyddu dy gyngor dy hun. 25
LAERTES	Dim peryg. Rwyf wedi oedi gormod. Rhaid imi 'madael.

Enter POLONIWS

Ond dyma 'Nhad.

POLONIWS	Heb 'madael eto, Laertes? Rhag c'wilydd iti! At y llong, at y llong, ar unwaith! Mae'r gwynt yn llenwi'r hwyliau a phawb yn d'aros. Dyna ti. Fy mendith arnat. Cofia di'r cynghorion hyn 30 rwyf am argraffu ar dy 'mennydd. Paid ti â dadlennu dy feddyliau ar lafar na thrwy weithred fyrbwyll. Bydd yn gyfeillgar â phawb heb iselhau dy hun ymhlith y werin bobl. Gwranda ar farn pob dyn heb leisio dy farn dy hunan a bydd gynnil dy gefnogaeth i eraill. Gwisga mor raenus ag y medri 35 di fforddio, heb fynd dros ben llestri. Dim byd rhy grand na llachar. Dengys dillad y dyn o ba radd y bo'i wreiddyn. Na ro arian ar fenthyg ac na chymer arian felly chwaith, gan fod colli benthyciad, yn aml iawn, yn arwain at golli ffrind, a dibynnu ar fenthyciadau'n gwneud dyn yn afrad. Yn anad dim, bydd 40 ffyddlon i ti dy hun, oblegid os hynny, mor anorfod yw â thoriad gwawr wedi afagddu'r nos, na fyddi di'n anffyddlon i neb arall chwaith. Da bo ti. Boed i 'nghyngorion flaguro a dwyn ffrwyth ynot ti, fy mab.
LAERTES	Yn wylaidd yr ymadawaf, f'arglwydd. 45
POLONIWS	Daeth yr awr. Dos. Mae'th weision yn disgwyl amdanat.
LAERTES	Da bo ti, Offelia. Cofia beth ddwedais i wrthyt ti.
OFFELIA	Mae dan glo yn fy nghof, a ti biau'r allwedd.
LAERTES	Da bo chi. [*Exit*
POLONIWS	Wel, Offelia, beth yn union ddywedodd e wrthyt ti? 50
OFFELIA	Rhywbeth ynglŷn â'r Arglwydd Hamlet, 'Nhad.
POLONIWS	Da iawn. Rwyf inne wedi bwriadu sôn gair neu ddau amdano fe. Clywais ei fod e wedi treulio tipyn go lew o'i amser hamdden

gyda thi'n ddiweddar a dy fod tithau'n ymddangos yn llawen
iawn yn ei gwmni ac yn fwy na pharod i wrando ar ei glebar.   55
Os yw hynny'n wir – a dyna ddwedyd wrthyf, megis
rhybudd – rhaid imi ddeud wrthyt ti nad yw d'ymddygiad
yn deilwng o fy merch i na d'anrhydedd dithau. Beth sydd
rhyngoch chi? Y gwir, os gweli di'n dda.

OFFELIA   Mae e, f'arglwydd, yn ddiweddar, wedi datgan, nifer o weithiau,   60
deimladau serchus tuag ata i.

POLONIWS   Teimladau serchus! Pwff! Rwyt ti'n siarad fel lodes ddibrofiad
mewn byd o beryglon. Wyt ti'n rhoi coel ar ei 'ddatganiadau',
chwedl tithau?

OFFELIA   Wn i ddim beth i'w gredu, f'arglwydd.   65

POLONIWS   Fe ddweda i wrthyt ti. Mai dim ond hoeden wirion fyddai'n
meddwl fod y 'datganiadau' hyn yn ddilys. Datgan di dy fod ti
am gallio, cyn i bobol ddatgan 'mod i'n ffŵl.

OFFELIA   F'arglwydd, mae ei araith bob amser yn anrhydeddus pan fydd
yn sôn am ei gariad ata i.   70

POLONIWS   O, ydy, mae e'n 'areithiwr', chwedl tithau tan gamp.
Wn i ddim, wn i ddim wir ...

OFFELIA   Fe ategodd ei eiriau gydag addunedau duwiol.

POLONIWS   Maglau i ddala cwningen ddwl, ddiniwed. Gwn i yn iawn mor
hael yw addunedau'r enaid pan fo'r gwaed yn dwym. O hyn   75
ymlaen, bydd di'n llai parod i segura yn ei gwmni ac i wrando
ar ei ffwlbri. Cofia fod yr Arglwydd Hamlet yn ŵr ifanc a
chanddo libart tipyn ehangach na thi. Paid ag ymddiried yn yr
un gair a ddaw o'i enau, Offelia. Gwranda nawr: dwyt ti ddim
i wastraffu eiliad o d'amser yn ymgomio â'r Arglwydd Hamlet, 80
nac yn yngan yr un gair wrtho, hyd yn oed. Rwy'n dy siarsio di.

OFFELIA   Rwy'n addo ufuddhau, f'arglwydd.

POLONIWS   Dere!   [*Exeunt*

Golygfa 4

Enter HAMLET, HORASIO *a* MARSELWS

HAMLET   Mae'n oer ddychrynllyd a'r awel mor fain.

HORASIO   Ydy. Mae'n brathu.

HAMLET   Faint o'r gloch yw hi?

HORASIO   Mae'n tynnu at hanner nos, rwy'n tybio.

MARSELWS   Na. Mae hi eisoes wedi taro.   5

HORASIO   Ydy hi wir? Chlywais i mo'ni. Ond os felly, daeth yr awr i'r
Ysbryd rodianna.
                [*Sain utgyrn ac yna dwy fagnel yn cyflegru*
Beth oedd hyn 'na, f'arglwydd?

HAMLET   Y Brenin sy'n cyfeddach heno ac i ychwanegu at y miri, bob
tro y drachtia'r gwin coch o'i gwpan, bydd utgyrn yn gweryru   10
a thabyrddau'n datsain i ddathlu'r gamp.

HORASIO   A yw hynny'n arferiad?

HAMLET   Ydy. Ond er imi gael fy magu'n y Llys, rwy'n dal y dylid
bwrw'r traddodiad hwn i ebargofiant. Mae medd-dod diarhebol
Denmarc yn ennyn gwawd ymhlith cenhedloedd byd, sy'n   15
dilorni'n brwysgedd anifeilaidd. Mae'r nodwedd annymunol
hon yn tynnu sylw oddi ar ein rhagoriaethau, er mor lluosog
ac mor wych yw'r rheini. Fel y bydd ambell unigolyn yn
dioddef oherwydd fod rhyw nam neu wendid etifeddol –
iselder tras, er enghraifft – yn troi'r farn gyffredin yn ei erbyn –   20

Enter YR YSBRYD

HORASIO   'Drychwch, f'arglwydd. Mae'n dod.

HAMLET   Saint ac angylion Duw, gwarchodwch ni!
Mae her dy ymddangosiad yn mynnu mod i'n siarad â thi.
Ac yn dy gyfarch di fel Hamlet Frenin. Fy nhad. Unben
Denmarc. Ateb fi. Beth yw hyn? Sut? Beth wnawn ni?   25

[*Amneidia'r* YSBRYD *arno*

HORASIO	Mae'n amneidio arnoch i'w ddilyn.
MARSELWS	Na, sefwch, f'arglwydd.
HORASIO	Nid ar boen eich bywyd.
HAMLET	Mae'n gwrthod llefaru. Fe'i dilyna i e felly.
HORASIO	Peidiwch, f'arglwydd.

30

HAMLET   Beth ddylwn i ei ofni? Dyw 'mywyd i ddim gwerth pin. Ac am fy enaid, beth all e wneud i hwnnw, gan fod y ddau mor anfeidrol â'i gilydd? Mae'n f'annog eto. Rwyf am ei ddilyn.

HORASIO   Beth petai'n eich hudo i eigion y môr, f'arglwydd? Neu dros ddibyn?

35

HAMLET   Mae'n dal i 'ngwadd. Cer. Fe ddilyna i di.

MARSELWS Chewch chi ddim mynd, f'arglwydd.

HAMLET   Gollyngwch fi.

HORASIO   Gwrandewch arnom ni. Chewch chi ddim mynd.

HAMLET   Mae 'nhynged yn galw arna i. Gollyngwch fi, ffrindiau. Myn Dduw, mi wna i ysbryd o'r sawl a'm rhwystra. Ymlaen. Cer. Rwy'n dilyn.

40

HORASIO   Mae wedi gwallgofi.

MARSELWS Dewch. Rhaid anufuddhau.
          Mae rhyw ffieidd-dra'n andwyo Denmarc.

45

[*Exeunt*

Golygfa 5

Enter YR YSBRYD *a* HAMLET

HAMLET   I ble'r wyt ti'n mynd â fi? Llefara. Af i'r un cam ymhellach.

YSBRYD   Clyw fi.

HAMLET   Gwnaf. Llefara. Rwy'n gwrando'n eiddgar.

YSBRYD   Bydd eiddgar i ddial, pan glywi.

HAMLET   Clywed beth?   5

YSBRYD   Ysbryd dy dad wyf i, wedi ei dynghedu i dramwyo'r byd liw nos
ac i ymprydio yn tân, liw dydd, hyd nes y llosgir ac y purir y
pechodau aflan a gyflawnais, ddyddiau f'oes. Mae gwaharddiad
dwyfol yn f'atal rhag dadlennu cyfrinachau 'ngharchar, onid e,
gallwn draethu chwedlau y byddai eu geiriau diniweitiaf yn   10
merwino'th enaid, yn fferu'th waed ac yn codi dy wallt yn
bigau draenog ar dy ben. Eithr y drefn dragwyddol ni ddatguddir
i feidrolion. Clyw, clyw. O, clyw! Os ceraist ti dy dad erioed ...

HAMLET   Dduw mawr!

YSBRYD   Boed iti ddial ei lofruddiaeth ffiaidd ac annaturiol.   15

HAMLET   Llofruddiaeth?

YSBRYD   Ffiaidd, fel pob llofruddiaeth. Eithr un enbyd o ffiaidd
ac annaturiol.

HAMLET   Rho wybod imi'n glau er mwyn i'm dial hedfan at ei nod mor
chwim â'r awydd, neu neges carwr at ei fun.   20

YSBRYD   Mae'th awch yn gymeradwy. Gwranda'n astud. Dywedir i sarff
fy mrathu tra cysgwn yn y berllan. Y gwir yw, fy mab, fod y
sarff a ddug einioes dy dad yn awr yn gwisgo'i goron.

HAMLET   Ar f'enaid proffwydol! F'ewyrth?

YSBRYD   Ie, y bwystfil llosgallyd, godinebus hwnnw, a lwyddodd gyda'i   25
ddewindabaeth a'i ystrywiau i hudo cymar a brenhines y tybiwn i
ei bod yn bur, ddilychwin. Er na lygrir rhinwedd gan drythyllwch

yn cogio lliwiau'r nef, hawdd yw i anlladrwydd ar lun angel
foddhau ei hun mewn gwely diwair a phesgi ar sothach.
Fe fydda i'n gryno. A minnau'n cysgu'n y berllan, yn unol â'm   30
harferiad bob prynhawn, ac yn hollol ddiamddiffyn, sleifiodd
d'ewyrth i'r fan ac yn ei law ffiol yn cynnwys sudd gwenwynig
hebanon. Arllwysodd yr hylif gwahanglwyfus i dwll fy nghlust
ac oddi yno ymledodd yr aflwydd drwy fy nghorff mor chwim
ag arian byw, gan suro a cheulo 'ngwaed a difwyno 'nghorff.   35
Dyna sut, a minnau'n cysgu, yr amddifadwyd fi gan fy mrawd
fy hun o'm bywyd, fy nghoron, a'm brenhines. Daeth fy nhymp
a minnau'n bechadurus a digyffes. Gwrthun, gwrthun, gwrthun!
Os wyt ti'n arddel serch naturiol mab at dad, na oddef hyn.
Na ad i wely brenhinol Denmarc barhau yn lwth i flys a llosgach. 40
Ffarwél, ffarwél, ffarwél. Cofia fi.   [*Exit*

HAMLET   Myn lluoedd Nef a'r ddaear faith! Ac Uffern ddofn hefyd –
          pam lai?
          Dy gofio di? Gwnaf, O, ysbryd truan, tra bod cof yn y penglog
          gorffwyll hwn. Dy gofio di? O, gwnaf. Rwyf am ddileu oddi ar   45
          ddalennau 'nghof pob sgriffiad arwynebol, gwirion, pob
          brawddeg, llun ac argraff o'r dyddiau a fu. Fenyw gythreulig!
          Y dihiryn, y dihiryn melltigedig â'i wên ddieflig! Yn y llyfr
          bach hwn cofnodaf y gall dyn, er iddo wenu a gwenu a gwenu,
          fod yn ddihiryn. Dyna sut mae hi yn Nenmarc, o leiaf.   50

                                        [*Ysgrifenna*

          Dyna chi felly, f'ewyrth. A dyma f'arwyddair i o hyn ymlaen.
          'Ffarwél, ffarwél, cofia fi.' Dyna fy llw a'm hadduned.

          Enter HORASIO *a* MARSELWS

HORASIO   F'arglwydd, f'arglwydd!

MARSELWS Yr Arglwydd Hamlet!

HAMLET   Boed felly!   55

MARSELWS Sut rydych chi, f'arglwydd?

HORASIO   Beth ddigwyddodd, f'arglwydd?

HAMLET   Rhyfeddod.

HORASIO   Dywedwch wrthym ni, f'arglwydd.

HAMLET	Na. Fe glepiwch chi wrth bawb.	60
HORASIO	Wna i ddim, f'arglwydd. Ar f'enaid i.	
MARSELWS	Na finnau chwaith, f'arglwydd.	
HAMLET	Allwch chi gadw cyfrinach?	
HORASIO a MARSELWS	Gallwn, f'arglwydd.	
HAMLET	Does 'run dihiryn yn Nenmarc nad yw'n gnaf digywilydd.	65
HORASIO	Does raid i'r un ysbryd godi o'i fedd i esbonio hyn 'na inni.	
HAMLET	Rwyt ti'n llygad dy le. Ac felly, heb ragor o gyboli, rwy'n meddwl ei bod hi'n hen bryd inni ysgwyd llaw a 'madael â'n gilydd. Rwyf i am fynd i weddïo.	
HORASIO	Mae'ch geiriau'n wyllt a digyswllt, f'arglwydd.	70
HAMLET	Mae'n ddrwg gen i os ydynt yn eich tramgwyddo. O waelod calon. Ie, o waelod calon.	
HORASIO	Dim tramgwydd, f'arglwydd.	
HAMLET	Oes, myn Sant Padrig, Horasio, tramgwydd difrifol dros ben. Ynglŷn â'r weledigaeth; rwyf am ichi ddeall fod yr ysbryd yn un gonest iawn. Ac yn awr, gyfeillion annwyl, gan eich bod chi'n gyfeillion triw, yn ysgolheigion doeth ac yn filwyr dewr, mae gen i un cais arall.	75
HORASIO	Beth bynnag fynnwch chi, f'arglwydd.	
HAMLET	Peidiwch ag yngan gair wrth neb am yr hyn a weloch chi heno.	80
HORASIO a MARSELWS	Wnawn ni ddim, f'arglwydd.	
HAMLET	Eich llw.	
HORASIO	Ar fy ngwir, f'arglwydd. Byth.	
MARSELWS	Na finnau chwaith, f'arglwydd. Ar fy ngwir.	
HAMLET	Ar garn fy nghledd.	85
MARSELWS	Rydym eisoes wedi tyngu, f'arglwydd.	
HAMLET	Ar garn fy nghledd, mewn gair a gweithred.	

[*Clywir cri'r* YSBRYD *oddi tan y llwyfan*

YSBRYD	Tyngwch.
HAMLET	'Ngwas gwyn i! Felly rwyt ti'n dweud? Wyt ti'n dal yna, 'rhen goes? Dewch. Fe glywoch Sioni'n y seler. Tyngwch. 90
HORASIO	Geiriwch y llw, f'arglwydd.
YSBRYD	[*Islaw*] Tyngwch.
HAMLET	Hic et ubique? Fe symudwn ni ynte. Dewch yma, gyfeillion, a gosod eich dwylo eto ar garn fy nghledd. Addunedwch na ddatgelwch fyth yr hyn a glywoch. 95
YSBRYD	[*Islaw*] Tyngwch ar garn ei gledd.
HAMLET	Da iawn, 'rhen dwrch daear, pencampwr mwyngloddio, ar wib drwy'r iseldiroedd. Un mudiad arall, gyfeillion mwyn.
HORASIO	Mae hyn i gyd mor rhyfeddol, mor ddieithr.
HAMLET	Croesawa'r cyfan fel dieithryn ynte! 100 Ceir dirgelion yn y nef, Horasio, ac ar y ddaear hefyd na all gwyddorau dyn mo'u dirnad. Ond dewch. Tyngwch yma, fel ag o'r blaen, 105 ar boen eich eneidiau, Tyngwch hyn: Ni waeth pa mor wyllt neu od y gwnaf i ymddwyn neu wisgo – a dichon y gwnaf i hynny – peidiwch chi, dan groesi'ch breichiau, 110 neu stumio'ch wynebau, neu amneidio'n ddoeth, neu ddweud rhywbeth fel, 'Rŷn ni'n deall yn gwmws beth sy'n mynd ymlaen,' neu, 'Fe allen ni ddweud tipyn go lew, pe bydden ni'n moyn', 115 neu eiriau amwys o'r fath. Peidiwch ag awgrymu y gwyddoch ddim oll amdanaf i. Tyngwch hyn, os dymunwch i ras y nef dosturio wrthych fyth.
YSBRYD	[*Islaw'r llwyfan*] Tyngwch. 120

HAMLET Gorffwys, gorffwys, ysbryd anniddig.
Ac felly, foneddigion, llwyr ymddiriedaf yn eich ewyllys da.
Dewch. Fe awn i mewn i'r castell gyda'n gilydd,
a boed eich bysedd chi'n wastadol ar eich gwefusau.
Mae'r oes ar chwâl. A'm tynged i,   125
gwae fi o'm geni, yw ceiso'i hadfer.
Dewch. I mewn â ni gyda'n gilydd.

[*Exeunt*

Act 2

Golygfa **1** ———————

Enter POLONIWS *a'i was,* REINALDO

POLONIWS   Rho'r arian a'r rhestr cynghorion hyn iddo, Reinaldo.

REINALDO   Gwnaf, f'arglwydd.

POLONIWS   Syniad arbennig o dda, Reinaldo annwyl, fyddai iti, cyn ymweld
ag ef, holi tipyn amdano, hwnt ac yma.

REINALDO   Dyna 'mwriad i, f'arglwydd.   5

POLONIWS   Ardderchog. Rhagorol. Nawr 'te, gyfaill, y peth cynta'r hoffwn
i iti ei wneud yw gwneud ymholiadau cyffredinol ynglŷn â'r
Daniaid sy'n digwydd bod ym Mharis ar hyn o bryd. Pwy ydyn
nhw. Faint o fodd sydd ganddyn nhw. Faint fyddan nhw'n wario.
Ble byddan nhw'n arfer cymdeithasu a chyda phwy. Ac wedi iti   10
ddod i ddeall eu bod nhw'n adnabod fy mab, cymer arnat dy fod
yn lled gyfarwydd â hanes y crwt. Gallet ti ddweud rhywbeth
fel: 'Rwy'n adnabod y tad a rhai o ffrindiau hwnnw ac wedi taro
ar y llanc ei hunan.' Wyt ti'n gwrando arna i, Reinaldo?

REINALDO   Ydw, f'arglwydd. Yn astud iawn.   15

POLONIWS   'Ac wedi taro arno yntau,' gallet ti ddweud, 'unwaith neu ddwy'.
A mynd yn dy flaen fel hyn: 'Os taw hwn yw e, mae e'n un
gwyllt ofnadw ac yn gaeth i rywbeth neu'i gilydd.' Wedyn fe
allet ti sôn am ryw gambihafio dychmygol – dim byd digon
gwrthun i bardduo'i enw da fe am byth, cofia.   20

REINALDO   Hapchware, er enghraifft, f'arglwydd?

POLONIWS   Ie. A slotian, chwarae cleddyfau, tyngu a rhegi, cweryla, hwrio.
Gelli fentro mynd cyn belled â hynny. Ond yn gynnil. Awgryma
taw canlyniad anorfod natur go danbaid yn cael penrhyddid am
y tro cyntaf yw'r ffaeleddau hyn.   25

REINALDO   Ond f'arglwydd ...

POLONIWS   Pam rydw i am iti wneud hyn?

REINALDO   Ie, f'arglwydd. Byddai'n dda gen i wybod hynny.

POLONIWS	O'r gore. Ddyweda i wrthyt ti. Wrth iti gyhuddo fy mab o'r mân frychau hyn, gyda'r awgrym nad ydyn nhw'n ddim amgen 30 na chanlyniad anochel byw yn y byd sydd ohoni. Gwranda di arna i nawr. Wedi i'r gŵr rwyt ti'n ymgom ag e, hynny yw, yr un rwyt ti'n ei holi ynglŷn â'r mab, wedi iddo dy glywed di'n cyfeirio at y ffaith fod y llanc yn euog o wahanol fisdimanars, ys gwedon nhw, fe glosith e atat ti a dweud, gelli di fod yn siŵr 35 o hyn, rywbeth tebyg i 'Syr', neu 'Gyfaill annwyl', neu 'ŵr bonheddig,' neu pa sut bynnag y bydd y gŵr hwnnw a'i gydwladwyr yn cyfarch dynion dieithr ...
REINALDO	O'r gore, f'arglwydd.
POLONIWS	Ac wedyn, Reinaldo, mae e, hynny yw, y dyn hwn, mae e'n ... 40 Beth oeddwn i am ei ddweud nawr? Ar fy marw, roeddwn i ar fin dweud rhywbeth pwysig! Beth ddwedais i ddiwethaf?
REINALDO	'Fe glosith atat ti a dweud "Syr ... Gyfaill annwyl ... Ŵr bonheddig" –
POLONIWS	Ie. Na fe. Fe glosith atat ti ... Ac ... Ie. Yn gwmws. 45 Fe ddywedith e: 'Rwy'n gyfarwydd iawn â'r gŵr bonheddig. Fe welais i e ddoe neu echdoe', neu, efallai, 'yn y fan a'r fan gyda hwn a hwn, ac fel y dywedoch chi, roedd e'n gamblo, neu'n slotian, neu'n cecru wrth chwarae tenis'. Neu, efallai, 'Fe welais i e'n mynd i mewn i adeilad pur amheus yr olwg, 50 videlicit, hynny yw, hwrdy.' Ac ati ac yn y blaen. Weli di'n awr sut y gelli di, gydag abwyd ffug, fachu pysgodyn go iawn? Dyna sut rydym ni sydd â mymryn o grebwyll a gallu yn cyrraedd y nod trwy ddirgel ac anuniongyrchol lwybrau. Dyna sut trwy ddilyn fy nghynghorion y deui di'n gyfarwydd 55 â hynt a helynt y mab acw ym Mharis. Wyt ti'n deall?
REINALDO	Ydw, f'arglwydd.
POLONIWS	Da bo ti a rhwydd hynt.
REINALDO	Eich ufudd was, f'arglwydd.
POLONIWS	A chofia sylwi ar ei ymddygiad e drosot ti dy hun. 60
REINALDO	Gwnaf, f'arglwydd.
POLONIWS	Heb iddo fe sylweddoli hynny.
REINALDO	Bid siŵr, f'arglwydd.

POLONIWS	Da bo ti	[*Exit* REINALDO

Enter OFFELIA

Pa hwyl erbyn hyn, Offelia? Beth sy'n bod? 65

OFFELIA   O, f'arglwydd, fe ges i fraw ofnadwy.

POLONIWS   Sut, yn enw'r nefoedd?

OFFELIA   F'arglwydd, fel yr oeddwn i'n gwnïo yn fy 'stafell, pwy
ymddangosodd yn ddisymwth ond yr Arglwydd Hamlet, ei
siaced yn llydan agored, heb het am ei ben, ei sanau'n frwnt 70
ac anniben a lawr am ei figyrnau, a golwg mor druenus ar ei
wyneb e, fel petai newydd ei ryddhau o uffern i ddisgrifio'r
pethau erchyll welodd e yno.

POLONIWS   Ac wedi'i wallgofi gan serch atat ti.

OFFELIA   Wn i ddim, f'arglwydd. Ond mae arna i ofn y gall fod hynny'n 75
wir.

POLONIWS   Beth ddywedodd e?

OFFELIA   Cydiodd yn fy ngarddwrn a'i gwasgu'n dynn. Wedyn, heb ei
gollwng, camodd yn ôl a chyda'i law arall dros ei dalcen,
rhythodd ar fy wyneb fel petai am dynnu ei lun. Arhosodd felly 80
am yn hir iawn. O'r diwedd, ar ôl siglo fy mraich lan a lawr,
a'i ben ei hunan yr un pryd, rhoddodd ochenaid ddofn, druenus
barodd imi ofni y byddai rhan ucha'i gorff yn chwalu'n
deilchion a'i fywyd yntau'n darfod. Yna, gollyngodd fi,
a chyda'i ben ar dro dros ei ysgwydd, cerddodd ma's o'r 'stafell 85
heb gymorth ei lygaid gan eu bod nhw'n dal i syllu arnaf.

POLONIWS   Dere di gyda mi. Rhaid i'r Brenin gael clywed am hyn.
Gwallgofrwydd serch ydyw, heb os nac oni bai. Ddywedaist ti
bethau angharedig wrtho fe'n ddiweddar?

OFFELIA   Naddo, f'arglwydd. Dim ond fel y dywedoch chi. Gwrthod 90
derbyn ei lythyrau na siarad ag e.

POLONIWS   Hynny sydd wedi ei yrru o'i go'. Mae'n ddrwg gen i na wnes
i sylwi'n fanylach ar ei ymddygiad. Roedd arna i ofn taw dim
ond gwamalu oedd e, â'i fryd ar dy ddifetha di. Dere. Fe awn
ni i at y Brenin. Rhaid iddo fe glywed am hyn. 95

[*Exeunt*

Golygfa 2

Cerddoriaeth. Enter Y BRENIN *a'r* frenhines, ROSENCRANTS *a*
GILDENSTERN, *gydag* AELODAU O'R LLYS

BRENIN   Croeso, Rosencrants a Gildenstern,
gyfeillion annwyl.
Nid yn unig oherwydd ein bod ni wedi dyheu
gyhyd am eich gweld chi eto
yr anfonwyd atoch y fath wahoddiad taer,   5
eithr oblegid fod arnom angen cymwynas gennych.
Clywsoch eisoes rywfaint am drawsnewidiad Hamlet
– dyna'r unig air cymwys gan nad yw, yn fewnol nac yn allanol,
yn debyg o gwbl i'r hyn ydoedd.
Heblaw am farwolaeth ei dad, mae'n anodd dyfalu   10
beth allai fod wedi gyrru ei feddwl megis ar ddisberod.
Rwy'n erfyn arnoch chi, eich dau,
gan i chi ac yntau gael eich magu gyda'ch gilydd,
fwy neu lai, i gytuno i aros yma yn y Llys yrhawg
a'i annog i ymlawenhau a mwynhau ei hun;   15
a'i gymell, efallai, i ddateglu ichi
beth yn union sy'n ei flino;
rhywbeth, o bosib, nad yw'n hysbys i ni,
fel y gallwn, o feddu'r fath wybodaeth,
hyrwyddo ei adferiad buan.   20

BRENHINES   Mae wedi siarad cymaint amdanoch chi,
foneddigion, ac rwy'n siŵr fod ganddo fwy
o feddwl ohonoch nag o ddau ŵr ifanc arall
ar wyneb daear. Os gwelwch chi'n dda,
byddwch mor garedig â derbyn ein gwahoddiad   25
i aros yma gyda ni am ychydig,
a chyflawni ein gobeithion;
gwobrwyir y fath gymwynas,
gallaf eich sicrhau,
gan un frenhinol.   30

ROSENCRANTS	Gallech chi, ein Brenin a'n Brenhines, yn rhinwedd eich awdurdod unbenaethol drosom, fynnu'r hyn a erfynnir gennych.
GILDENSTERN	Eithr ein braint ni'n dau yw ufuddhau, 35 gan osod ein hewyllys ger eich bron i'w orchymyn gennych fel y mynnwch.
BRENIN	Diolch, Rosencrants a Gildernstern annwyl.
BRENHINES	Diolch Gildenstern annwyl a Rosencrants. Ewch ar fyrder, os gwelwch chi'n dda, at fy mab, 40 sydd wedi newid llawer, nid er gwell.
GILDENSTERN	Boed i'r nef beri i'n cymdeithas a'n gweithredoedd ei ddiddanu a'i lesáu.
BRENHINES	Amen, ac amen.

[*Exeunt* ROSENCRANTS *a* GILDENSTERN
gyda rhai o WEISION Y LLYS

Enter POLONIWS

POLONIWS	Dychwelodd y llysgenhadon o Norwy, f'arglwydd Frenin, 45 yn llon eu bryd.
BRENIN	Rwyt ti, bob amser, yn tadogi newydd da.
POLONIWS	Ydw i, f'arglwydd? Wel, rwy'n falch o ddweud fy mod i, oni bai fod yr hen ymennydd yma'n ffaelu â dilyn trywydd mor effeithiol ag y gwnâi un tro – fy mod i wedi darganfod achos 50 ynfydrwydd Hamlet.
BRENIN	Wyt ti wir? Dwed wrtho i ar unwaith.
POLONIWS	Derbyniwch y llysgenhadon gyntaf, f'arglwydd. Bydd fy newydd megis coron ar y wledd amheuthun honno.
BRENIN	Hebrwng di nhw i'n gŵydd, os gweli di'n dda. 55

[*Exit* POLONIWS

	Mae'n dweud iddo ddarganfod y drwg sydd wrth wraidd anhwylder dy fab.
BRENHINES	Rwy'n amau taw marwolaeth ei dad a'n priodas ddisymwth ni yw hwnnw, a dim arall.

BRENIN	Fe holwn ni e'n drylwyr, ta beth. 60

Enter y llysgenhadon FOLTEMAND *a* CORNELIWS *gyda* POLONIWS

Croeso, gyfeillion annwyl. Nawr 'te, Foltemand, pa neges oddi wrth ein teyrnaidd frawd, Brenin Norwy?

FOLTEMAND Fod ei gyfarchion atoch chi a'i ddymuniadau mor llednais â'r rhai a anfonwyd ato gennych chi. Gynted ag y deallodd berwyl ein hymweliad, ataliodd baratoadau rhyfelgar ei nai. Tybiasai'r 65 Brenin mai er mwyn ymosod ar y Pwyliaid y gwnaethpwyd nhw, ond deallodd wedi ychydig iawn o holi, mai yn erbyn eich Mawrhydi y'u bwriadwyd. Cythruddwyd ef gan hyfdra ei nai yn meddwl manteisio ar henaint, salwch neu ddiymadferthedd tybiedig ei ewyrth a gorchymyn Ffortinbras i ddiddymu ei 70 gynlluniau rhag blaen. Derbyniodd hwnnw'r cerydd gan ufuddhau ac addunedu i'w ewyrth na wnaiff fyth eto ymfyddino'n erbyn eich Mawrhydi. Roedd yr hen Frenin mor llawen o glywed hyn nes addo tair mil o goronau'r flwyddyn i Ffortinbras i'w alluogi i gyflogi'r un lluoedd ag o'r blaen i ymosod ar Wlad Pwyl. 75 Yn sgîl hynny, anfonodd y llythyr hwn atoch.

[Trosglwydda'r ddogfen i'r BRENIN

Mae'n deisyf arnoch i ganiatáu i'r milwyr hynny dramwyo'ch teyrnas ar eu ffordd i faes y gad, yn ddiogel ac yn ddiwahardd, yn unol â'r amodau a'r telerau a restrir yn y llythyr.

BRENIN Ymddengys hyn yn dderbyniol dros ben. Maes o law, wedi inni 80 ddarllen y llythyr ac ystyried ei gynnwys, fe luniwn ateb cymwys. Croeso adref ichi'ch dau.

[Exeunt FOLTEMAND *a* CORNELIWS

POLONIWS Diweddglo rhagorol i fusnes annymunol.
F'Arglwydd Frenin a'm Brenhines, ni fuasai ymdrechu i ddadansoddi ac egluro beth yw mawrhydi, beth yw dyletswydd, 85 pam y mae dydd yn ddydd, nos yn nos ac amser yn amser, yn ddim amgen nag afradu amser, nos a dydd. Ac felly, gan taw hanfod doethineb, cynildeb yw, a chan taw addurniad diflas, dianghenraid yw traethu hirfaith, wnaf i ddim helaethu geiriau. Mae eich mab tywysogaidd yn wallgo. Yn wallgo, yn fy marn i. 90 Oblegid, sut gellir diffinio gwallgofrwydd yn gywir ond trwy ddweud taw 'gwall gofrwydd' ydyw? Ond bid a fo am hynny.

BRENHINES   Mwy o reswm a llai o rethreg.

POLONIWS   Ar fy ngwir, Madam, dwyf i ddim yn arfer y tamed lleiaf un o
                 rethreg. Mae e'n wallgo, ysywaeth. Mae'n wir fod hynny'n   95
                 resyn a gresyn fod hynny'n wir. Ond dyna hen ddigon o
                 retoriciaeth. Gawn ni gytuno, felly, ei fod e'n wallgo a'i bod
                 hi'n ofynnol inni'n awr ddarganfod beth yw achos yr effaith,
                 neu, yn hytrach, achos y diffaith, gan fod yr effaith ddiffaith
                 hon yn deillio o'r achos. Atolwg. Mae gen i ferch – tra bydd   100
                 hi dan fy nghronglwyd i, o leiaf – ac fe roddodd hi i mi, yn
                 unol â'i dyletswydd a'i hufudd-dod i'w thad, hwn.
                 Gwrandewch yn astud ac ystyriwch yn ofalus.

                                                      [*Darllena'r llythyr*

                 I eilun fy nghalon, y nefolaidd, y brydferthocaf Offelia –
                 Dyna air hyll, ac un gwallus. Gair hyll iawn yw *'prydferthocaf'*. 105
                 Ond fe af i rhagof. O'r gore:
                                                              [*Darllena*
                 Yn ei mynwes wen, odidog, wele ... ac yn y blaen.

BRENHINES   Hamlet anfonodd hwn ati?

POLONIWS   Gyda'ch cennad, Madam. Fe ddarllenaf y cyfan fel y mae.
                                                              [*Darllena*
                           Cei amau fod sêr yn y nen   110
                             A haul yn tywynnu fry,
                         Amau mai gau yw'r gwir
                               Ond nid fy serchogrwydd i

                 O, f'anwylaf Offelia, er mai bardd gwael ydwyf, cred fi pan
                 ddywedaf fy mod i'n dy garu di'n well na neb ar wyneb daear 115
                 las. Ffarwél.

                           Yr eiddot yn dragywydd, fy mun annwyl,
                           tra bo ynddo chwyth,
                               HAMLET

                 Hwn, yn gydwybodol iawn, a drosglwyddodd fy merch imi.   120

BRENIN   Ond sut dderbyniad gafodd e ganddi?

POLONIWS   Beth rydych chi'n feddwl ohonof i?

BRENIN   Gweinidog ffyddlon ac anrhydeddus.

POLONIWS   Yn eiddgar iawn y ceisiaf brofi hynny ichi. Beth fyddech chi'n
feddwl petawn i wedi amgyffred tanbeidrwydd ei serch ac aros 125
mor fud a diymadferth â'r papur a'r ddesg y 'sgrifennwyd yr
epistol arnynt? Wedi canfod ei gampau traserchus heb wneud
dim? Beth fyddech chi'n feddwl ohonof? O, na. Fûm i ddim yn
segur. Cefais air â'r fonesig ac meddwn i: 'Mae seren yr
Arglwydd Hamlet yn cylchdroi mewn ffurfafen uwch na d'un di. 130
Rhaid dod â hyn i ben ar unwaith'. Wedyn gorchmynnais iddi
gadw drws ei siambr ar glo'n wastadol a gwrthod derbyn na
neges na rhodd o unrhyw fath oddi wrtho. Yn dilyn hynny,
heintiwyd ef gan bruddglwyf dwys. Ymprydiodd. Collodd gwsg.
Nychodd. Aeth yn benysgafn. A dirywiodd ei gyflwr yn   135
wallgofrwydd gan beri iddo ef fytheirio ac i ninnau alaru.

BRENIN   Beth rwyt ti'n feddwl o hyn?

BRENHINES   Mae'n bosib taw dyna'r eglurhad.

POLONIWS   A fu achlysur erioed – hoffwn i glywed eich barn ar y pwnc –
pan ddywedais i'n ddi-dderbyn-wyneb a heb flewyn ar dafod, 140
'Fel hyn mae hi'. Ac iddi fod fel arall?

BRENIN   Does gen i ddim cof o'r peth.

POLONIWS   Diswyddwch fi os rwy'n cyfeiliorni'r tro hwn. Os llwyddwn ni
i drefnu amgylchiadau manteisiol, rwy'n addo darganfod y gwir,
hyd yn oed petai'n llechu ym mherfeddion y ddaear.   145

BRENIN   Sut mae profi neu wrthbrofi'r ddamcaniaeth?

POLONIWS   Mae'n arfer ganddo, fel y gwyddoch chi, gerdded yn ôl a blaen
yma'n y cyntedd, am oriau bwygilydd. Wel. Ar achlysur o'r fath,
fe anfonaf fy merch ato, tra byddwn ni ein dau ynghudd y
tu ôl i furlen, ac yn gwrando ar eu hymgom. Oni chanfyddwn 150
ei fod wedi gwirioni arni, a taw dyna achos ei ynfydrwydd,
diswyddwch fi ac fe af i'n ffermwr neu'n hwsmon.

BRENIN   Hynny a wneir ac fe gawn weld.

Enter HAMLET

BRENHINES   Dacw fe'r truan yn dod dan ddarllen, a golwg mor
ddifrif-ddwys ar ei wyneb.   155

POLONIWS   Ciliwch, eich dau, rwy'n erfyn arnoch chi. Fe af i ato fe ar
unwaith. Gyda'ch cennad, os gwelwch yn dda.

[*Exeunt* Y BRENIN *a'r* FRENHINES

Pa hwyl erbyn hyn, f'Arglwydd Hamlet?

HAMLET	Bendigedig, diolch yn fawr ichi.	160
POLONIWS	Wyddoch chi pwy ydw i, f'arglwydd?	
HAMLET	Wrth gwrs. Gwerthwr pysgod.	
POLONIWS	Nac ydw, yn wir ichi, f'arglwydd.	
HAMLET	Os felly, gresyn na fyddech chi cyn onested ag un.	
POLONIWS	Cyn onested, f'arglwydd?	165
HAMLET	Ie, syr. Yn y byd sydd ohoni, un dyn o bob deng mil sy'n onest.	
POLONIWS	Digon gwir, f'arglwydd. Digon gwir.	
HAMLET	Gan fod hyd yn oed gusanau duw'r haul yn magu cynrhon mewn celain ci. Oes gennych chi ferch?	
POLONIWS	Oes, f'arglwydd.	170
HAMLET	Rhwystrwch hi rhag cerdded yn yr haul. Er ei bod hi'n disgwyl yn hardd, gochelwch rhag iddi ddisgwyl, gyfaill.	
POLONIWS	[*Neilleb*] 'Co ni eto! Dal i rygnu 'mlaen am fy merch. Ond doedd e ddim yn fy nabod i, gynnau. Mynnu 'mod i'n werthwr pysgod. Mae e 'mhell o'i go'. Bûm inna'n glaf iawn o serch pan oeddwn i'n iau, bron cynddrwg â hyn. Fe siarada i ag e eto. Beth rydych chi'n ei ddarllen, f'arglwydd?	175
HAMLET	Geiriau, geiriau, geiriau.	
POLONIWS	Beth sydd dan sylw?	
HAMLET	Papur.	180
POLONIWS	Yn yr hyn rydych chi'n ei ddarllen, f'arglwydd.	
HAMLET	Enllibion, syr. Mae'r diawl dychanol 'sgrifennodd hyn yn mynnu fod barfau hen ddynion yn llwyd, eu hwynebau'n rhychiog, a glud seimlyd, afiach yn diferu o'u llygaid. Eu bod yn dwp, yn dindrwm ac yn ansad ar eu traed. Ac er fy mod i wedi fy llwyr argyhoeddi fod hyn i gyd yn wir, rwyf i o'r farn taw di-chwaeth, braidd, oedd ei roi e ar glawr. Oherwydd, syr, byddech chi cyn hyned â fi pe gallech, fel cranc, ymlusgo wysg eich cefn.	185

POLONIWS	[*Neilleb*] Mae rhyw lun ar synnwyr yn ei wallgofrwydd. Hoffech chi fynd i mewn, f'arglwydd?	190
HAMLET	I'm bedd?	
POLONIWS	Mae hwnnw'n fan cysgodol, o leiaf. [*Neilleb*] Mae rhai o'i atebion yn llwythog dros ben. F'arglwydd mwyn, mae'n rhaid imi, yn ostyngedig iawn, fynd a'ch gadael chi.	195
HAMLET	Allech chi ddim mynd â dim byd arall, syr, y byddwn i'n falchach o gael ei wared – heblaw f'einioes, f'einioes, f'einioes.	
POLONIWS	Da bo chi, f'arglwydd.	
HAMLET	Yr hen ffŵl hurt ag yw e.	

Enter GILDENSTERN *a* ROSENCRANTS

POLONIWS	Rydych chi'n chwilio am yr Arglwyddd Hamlet. Dacw fe.	200
ROSENCRANTS	[*Wrth* POLONIWS] Duw a'ch bendithio, syr!	

[*Exit* POLONIWS

GILDENSTERN	F'ardderchocaf arglwydd!	
ROSENCRANTS	F'anwylaf arglwydd!	
HAMLET	Fy ffrindiau mynwesolaf! Sut rwyt ti, Gildenstern? A thithau, Rosencrants! Fechgyn! Sut rydych chi'ch dau?	205
ROSENCRANTS	Fel y rhelyw o blant y llawr.	
GILDENSTERN	Yn hapus nad ydym ni'n or-hapus. Nad ydym megis gemau yng nghoron y dduwies Ffawd.	
HAMLET	Nag ar wadnau ei thraed hi chwaith?	
ROSENCRANTS	Y naill na'r llall, f'arglwydd.	210
HAMLET	Rych chi'n byw, felly, rywle'n y canol, tua'i bogail hi?	
GILDENSTERN	Fan'no byddwn ni'n chwarae, f'arglwydd.	
HAMLET	Yng nghyfrinleoedd Ffawd! Pam lai? Hen hwren yw hi. Pa newydd?	
ROSENCRANTS	Dim o bwys, f'arglwydd, heblaw fod y byd yn mynd yn lle gonestach bob dydd.	215
HAMLET	Rhaid bod Dydd y Farn yn nesu. Ond dyw'ch newydd chi ddim yn wir. Gaf i'ch holi chi'n fanylach? Beth wnaethoch chi i bechu'n erbyn Ffawd, iddi eich anfon chi i garchar?	

GILDENSTERN	Carchar, f'arglwydd?	220
HAMLET	Carchar yw Denmarc.	
ROSENCRANTS	Dyna beth yw'r byd yn grwn, felly.	
HAMLET	Yn hollol. Ac un da iawn yw e hefyd, a chelloedd, croglofftydd a seleri dirifedi ynddo fe. Denmarc yw'r un fwyaf salw.	
ROSENCRANTS	Rhaid inni anghytuno, f'arglwydd.	225
HAMLET	Nid carcharorion monoch chi, felly. Y meddwl, a dim ond y meddwl, sy'n peri i rywbeth ymddangos yn wych neu'n wael. I mi, mae'r wlad yn garchar.	
ROSENCRANTS	Oherwydd uchelgais. Ei chyfyngiadau sy'n llyffetheirio'ch meddwl.	230
HAMLET	Nefoedd fawr! O gael fy nghau mewn plisgyn cneuen, gallwn weld fy hun yn frenin ar eangderau maith, oni bai am fy mreuddwydion.	
GILDENSTERN	Breuddwyd yw uchelgais. Dyw sylwedd dyn uchelgeisiol yn ddim amgen na chysgod breuddwyd.	235
HAMLET	Dyw breuddwyd yn ddim ond cysgod.	
ROSENCRANTS	Digon gwir. Rwy'n tybio fod uchelgais yn beth mor ysgafn a disylwedd nad yw ond cysgod cysgod.	
HAMLET	Ac felly mae cardotwyr di-uchelgais yn bobol sylweddol ac uchelwyr uchelgeisiol megis cysgodion cardotwyr. Ond dwedwch wrtho i'n awr, fy hen gyfeillion annwyl i, beth ddaeth â chi i Elsinor?	240
ROSENCRANTS	Awydd i'ch gweld chi, f'arglwydd. Hynny a dim arall.	
HAMLET	Dyw diolch cardotyn fel fi fawr o werth. Diolch yn fawr, serch hynny. Anfonwyd amdanoch chi? Ynte ddaethoch chi o wirfodd calon? Dewch nawr. Dwedwch y gwir wrtho i. Dewch. Dwedwch rywbeth.	245
GILDENSTERN	Beth ddylem ni ddweud, f'arglwydd?	
HAMLET	Unrhyw beth ond ateb plaen. Fe anfonwyd amdanoch chi. Mae'r gwrid ar eich wynebau'n ateb drosoch chi. Gwn fod ein teyrn tirion a'i frenhines fwyn wedi'ch gwysio.	250
ROSENCRANTS	At ba ddiben, f'arglwydd?	

HAMLET	Rhaid i chi egluro hynny wrtho i.
ROSENCRANTS	[*Neilleb wrth* GILDENSTERN] Beth ddwedwn ni?
HAMLET	[*Neilleb*] Rwy'n eich gwylio chi. Os ych chi'n gyfeillion imi, 255 da chi, peidiwch â bod mor ddieithr.
GILDENSTERN	F'arglwydd. Mae'n wir. Gwysiwyd ni.
HAMLET	Wn i'n iawn pam. Rwyf i wedi bod, yn ddiweddar, am ryw reswm, yn hynod ddi-hwyl ac wedi esgeuluso pob math o ymarfer corfforol. Yn wir ichi, rwyf mor benisel nes i'r ddaear 260 doreithiog fod fel penrhyn diffaith yn fy ngolwg i; mae'r awyr iach yn afiach a chymylau duon o nwyon llidiog yn cuddio'r wybren faith a'i llusernau euraid. Y fath gampwaith yw dyn, mor ddyrchafol ei reswm, mor ddiderfyn ei alluoedd, mor chwim a gosgeiddig ei symudiadau, ei weithgareddau'n angylaidd a'i 265 ddealltwriaeth yn ddwyfol. Eilun y byd. Perffeithrwydd cnawdol. I mi, serch hynny, nid yw, yn ei hanfod, namyn llwch. Nid da gen i ddynion. Na menywod chwaith, er bod eich gwenau'n awgrymu fel arall.
ROSENCRANTS	F'arglwydd. Feddyliais i erioed ffasiwn beth. 270
HAMLET	Pam y chwarddoch chi, ynte, pan ddwedais i 'Nid da gen i ddynion'?
ROSENCRANTS	Digwydd meddwl, f'arglwydd, os nad ydych chi'n hoff o ddynion, taw croeso digon oeraidd gaiff yr actorion gennych chi. Fe oddiweddon ni nhw ar y ffordd. Maen nhw'n bwriadu 275 galw yma, i gynnig eu gwasanaeth ichi.
HAMLET	Fe gaiff yr un fydd yn chwarae rhan y brenin groeso arbennig gen i. Fe dala i wrogaeth anrhydeddus i'w fawrhydi. Pa actorion ydyn nhw?
ROSENCRANTS	Cwmni'r Brifddinas. Sydd wastad wedi'ch plesio chi. 280
HAMLET	Sut eu bod nhw ar daith? Ydyn nhw'n dal mor boblogaidd â phan oeddwn i'n byw yn y Brifddinas?
ROSENCRANTS	Nac ydyn, f'arglwydd, gwaetha'r modd.
HAMLET	Beth sydd? Ydyn nhw wedi mynd yn rhydlyd?
ROSENCRANTS	Nac ydyn, f'arglwydd. 285

HAMLET	Dyw e ddim yn fy synnu. Mae f'ewyrth yn awr yn Frenin Denmarc a dynion oedd yn ei gymryd e'n sbort pan oedd fy nhad yn fyw, heddiw yn fodlon talu arian mawr am ddarlun bychan, bach ohono. Mae rhywbeth tyngedfennol yn hyn, ar f'enaid i, petai gan ddyn y crebwyll i'w ddarganfod.

290

[Sain cerddoriaeth

GILDENSTERN	Dyma'r actorion.
HAMLET	Croeso i Elsinor, foneddigion. Mae f'ewyrth a fy mam-fodryb yn methu'n arw.
GILDENSTERN	Ym mha ffordd, f'arglwydd?
HAMLET	Rwyf i'n dri chwarter call, a phan chwyth y gwynt o'r de, yn gallu gweld y gwahaniaeth rhwng gwennol a gwalch.

295

Enter POLONIWS

POLONIWS	Henffych well, foneddigion.
HAMLET	Gwrandewch. Mae'r babi mawr acw'n dal yn ei glytiau.
ROSENCRANTS	Maen nhw'n dweud taw ailblentyndod yw henaint.
HAMLET	Rwy'n darogan y bydd e'n sôn wrtho i am yr actorion. Gewch chi weld. Rydych chi'n llygad eich lle, syr. Bore dydd Llun oedd hi. Ie, wir ichi.
POLONIWS	F'arglwydd. Mae gen i newydd ichi.
HAMLET	F'arglwydd. Mae gen i newydd ichi.
POLONIWS	Mae'r actorion yma, f'arglwydd.
HAMLET	Dych chi erioed yn dweud.
POLONIWS	Ar fy ngwir ...
HAMLET	A phob actor a ddaeth ar gefn ei asyn –
POLONIWS	Rhain yw'r actorion gorau ar wyneb daear ar gyfer trasiedi, comedi, drama hanes, bugeilgerdd ddoniol, bugeilgerdd hanesyddol, trasiedi hanesyddol, bugeilgerdd drasiedïol, hanesyddol, ddoniol gyda llwyfan ddigyfnewid neu un dra-chyfnewidiol. Nid yw Seneca'n rhy drwm iddynt na Phlawtws yn rhy ysgafn. Dihafal ydynt, boed y gwaith yn glasurol gaeth neu'n hollol benrhydd.
HAMLET	O Jephthah, farnwr Israel, dy drysor di oedd wych.

300

305

310

315

POLONIWS	Beth oedd ei drysor, f'arglwydd?
HAMLET	'Ei unig ferch, un deg ei bryd A garai â'i holl galon.'
POLONIWS	[*Neilleb*] Dal i rygnu 'mlaen ynglŷn â'r ferch acw. 320
HAMLET	Ydw i'n dweud y gwir, 'rhen Jephthah? Ond wele'n diddanwyr ni'n cyrraedd.

Enter YR ACTORION

Croeso ichi, foneddigion, un ac oll. Mae'n dda gen i weld
golwg gystal arnat ti. Croeso, gyfeillion. Wedi tyfu locsyn er
pan welais i ti ddiwetha, fachgen. Ar fy ngwir, fonesig deg,   325
rych chi'n nes at y nef na phan welais i chi ddiwethaf. Beth am
araith go dda yn syth bin? Dangos dy ddawn inni.
Dere. Araith angerddol.

Y PRIF ACTOR	Unrhyw araith yn arbennig, f'arglwydd?
HAMLET	Fe glywais i ti'n traethu araith unwaith, er na chlywyd hi erioed 330 ar lwyfan, neu os do, nid mwy nag unwaith, gan nad oedd y ddrama'n apelio at y werin datws. Cafiâr i'r cyffredin, fel petai. Ond fe wnaeth yr araith honno argraff ddofn arna i. Ymgom Aeneas â Dido, ble mae e'n disgrifio llofruddiaeth Priam. Os gelli di ei chofio hi, dechrau gyda'r llinell – gad imi weld, 335 gad imi weld.

   'Wele Pyrhws erwin, megis teigr gwyllt

Nage. Mae'n dechrau gyda Pyrhws:

   'Ac wele Byrhws erwin, a'i arfau du -
   dued â'i fwriadau, dued â'r nos   340
   pan lechai ef ym mol y Ceffyl Pren
   gan aros i ymosod ar Gaerdroea;
   wele ef yn awr, o'i ben i'w draed,
   yn gwisgo lifrai sgarlad gwaed y gwirion
   rai lofruddiwyd gan ei lafn, a'i lygaid   345
   fel dau farworyn eirias yn llosgi
   yn ei ben; wele ef, uffernol waedgi
   yn chwilio am ei ysglyfaeth nesaf,
   Priam hen.

Cer di ymlaen o fan 'na.   350

POLONIWS	Bendigedig, f'arglwydd. Llefaru coeth a disgybledig dros ben.
Y PRIF ACTOR	Ac yn y man fe'i canfu,

Y PRIF ACTOR Ac yn y man fe'i canfu,
yn herio ag eiddil fraich a chleddyf llesg
y Groegwyr goresgynnol. Rhuthrodd yr adyn
lloerig at yr henwr ond yn ei lid   355
methodd ei ergyd. Serch hynny, gryfed oedd
yr awel ysgogwyd gan y cledd, nes
peri i'r cyndad truan gwympo. Yna,
cododd y Groegwr gorffwyll ei angheuol arf
i daro'r ergyd farwol, gan oedi ennyd,   360
megis portread erchyll o ddihiryn,
uwch llywethau arian yr hen ŵr,
fel petai parlys ar ei ewyllys,
yn gymwys fel y ceir ynghanol
storm, dawelwch yn yr wybren,   365
y cymyl du'n ddisymud, y gwyntoedd
hy yn fud, a'r blaned gron islaw mor
ddi-sŵn ag angau ei hun. Ond yn y man,
rhwygir y cadoediad gan daranfollt
nerthol. Ac felly'n union, wedi'r saib,   370
yr aeth yr llofrudd, Pyrhws, rhagddo â'i
anfadwaith. Ac nid ag ergydion mwy
enbydus y bwriodd gofaint Olympws
arfwisg Duw'r Rhyfeloedd pan luniasant hi
nag y cwympodd cleddyf gwaedlyd   375
Pyrhws ar gorun yr hen ŵr. Ymaith â
thi, Ffawd, y butain. A chithau,
Dduwiau'r Nef, yn eich Llys tragwyddol,
diarddelwch hi. Amddifadwch hi
o'i grym. Drylliwch gylch a breichiau   380
ei holwyn enfawr a hyrddio'r foth
fel pelen i lawr dros lethrau maith y nef
i eigion uffern.

POLONIWS   Mae'n rhy hir.

HAMLET   Awn ni â hi at y barbwr – yr un pryd â'ch locsyn chi. Dos   385
ymlaen yn awr, os gweli di'n dda, at y llinellau am Hecwba.

PRIF ACTOR   'Ond gwae, gwae, gwae, gwae y sawl a welai'r
Unbennes gwfledig – '

HAMLET	'Unbennes gwfledig'?	
POLONIWS	Da iawn, wir. Mae 'unbennes gwfledig' yn dda iawn.	390
PRIF ACTOR	'Yn rhuthro'n ôl a blaen, gan fygwth boddi'r fflamau â llif dihysbydd, dall ei dagrau hi, capan ar ei phen lle gynt bu coron a charthen bitw am y llwynau hen a esgorasai ar odidog lu o dywysogion. Buasai'r sawl a welai hynny wedi ymrestru'n deyrnfradwrus yn erbyn Ffawd, gan ei melltithio hi. A phe digwyddasai i'r Anfeidrolion sylwi ar y wraig a wyliai Pyrhws yn darnio gydag afiaith gorff ei gŵr, a chlywed ei dolef annaearol, oni bai eu bod hwy'n hollol anystyriol o hynt a helyntion plant y llawr, hyn a fuasai wedi ennyn eu tosturi a'u trugaredd gan odro dagrau hallt o lygaid llosg y nef.'	395 400 405
POLONIWS	Edrychwch sut y newidiodd ei liw ac y llanwodd ei lygaid. Dyna ddigon, diolch yn fawr ichi.	410
HAMLET	Ardderchog. Wnewch chi sicrhau, f'arglwydd, fod yr actorion yn cael croeso teilwng, a phob gofal; y rhain yw cofnodwyr a chyfarwyddiaid yr oes.	
POLONIWS	Fe gânt y gofal a haeddant, f'arglwydd.	
HAMLET	Nefoedd fawr, ddyn, gwell o lawer na hynny! Petai pawb yn cael ei drin yn ôl ei haeddiant, ni fyddai'r un ohonom ni'n osgoi crasfa. Trafodwch nhw'n gymwys fel y byddech chi eich hun am gael eich trafod. Hebryngwch nhw i'r Palas.	415
POLONIWS	Dewch, foneddigion.	
HAMLET	Dilynwch e, ffrindiau. Fe gawn ni ddrama nos yfory. [*Neilleb wrth y* Y PRIF ACTOR] Clyw, 'rhen gyfaill. Allech chi roi perfformiad o *Llofruddiaeth Gonsago* inni?	420
PRIF ACTOR	Yn rhwydd, f'arglwydd.	

HAMLET   Ardderchog. Dilyn y pendefig pwysig, a da ti, paid â'i watwar.

                [*Exeunt* POLONIWS *a'r* ACTORION

                Croeso unwaith eto, fy nghyfeillion mwyn, i Elsinor.   425

ROSENCRANTS   Eich ufudd weision, f'arglwydd.

                [*Exeunt* ROSENCRANTS *a* GILDENSTERN

HAMLET   Dyma fi, o'r diwedd, ar fy mhen fy hun.
                Y twyllwr taeogaidd ag wyf i.
                On'd yw hi'n gywilyddus
                fod yr actor hwn, mewn ffuglen,   430
                mewn breuddwyd golau, megis,
                yn cymell ei enaid i ufuddhau i'w awen
                fel bod ei wedd yn gwelwi,
                ei lygaid yn llenwi,
                ei wedd yn gorffwyllo,   435
                ei lais yn torri
                a'i holl gorff yn cydymffurfio'n
                llwyr â bwriadau ei ddychymyg?
                Ac i beth?
                Oherwydd Hecwba.   440
                Beth yw Hecwba iddo fe?
                Yntau iddi hi?
                Beth wnâi e petai rheswm ac ysgogiad
                ganddo i angerddu, fel sydd gen i?
                Boddi'r llwyfan â'i ddagrau,   445
                andwyo clustiau'r gynulleidfa â geiriau cignoeth,
                gwallgofi gwrandawyr euog,
                brawychu'r rhai gonest,
                synnu'r anwybodus
                a syfrdanu cyneddfau clyw a golwg pob un.   450
                Ond cnaf hurt, di-asgwrn-cefn wyf i,
                breuddwydiwr gwirion,
                heb ei argyhoeddi gan achos hollol gyfiawn,
                heb ddweud gair,
                yr un gair,   455
                o blaid brenin a amddifadwyd o'i deyrnas
                ac o'i einioes gan weithred aflan.

Ydw i'n llwfrgi?
Pwy sy'n fy herio i?
Yn fy ngalw i'n daeog?   460
Yn rhoi cernod imi?
Yn tynnu blew o 'marf a'u chwythu i 'ngwyneb?
Yn gwasgu 'nhrwyn?
Yn fy ngalw i'n gelwyddgi?
Pwy sy'n gwneud hyn i mi?   465
Buasai'n rhaid imi dderbyn y sarhad, ar f'enaid i.
Mae'n rhaid 'mod i mor llwfr â cholomen,
heb ronyn o'r rhuddin a wnâi'r fath
ddirmyg yn annioddefol.
Onid e, buaswn, erbyn hyn, wedi bwydo   470
adar ysglyfaethus Denmarc
â choluddion y burgyn.
Y cythraul gwaedlyd, anllad.
Didostur, bradwrus, barbaraidd, blysiog,
Daw dial! Daw dial!   475
Rwy'n ffŵl.
Dewr iawn ynte?
Mab i dad annwyl a lofruddiwyd,
un a orchmynnwyd gan Nef ac Uffern
i dalu'r pwyth,   480
yn dadlwytho'i galon mewn geiriau cwynfanllyd
gan dyngu a rhegi fel putain siomedig.
Faint gwell ydw i na hwren? Baeden front!
Gwna rywbeth, fy 'mennydd.
Hhm.   485
Clywais am droseddwyr yn cyfaddef eu heuogrwydd
ar ôl gwylio drama'n cael ei chwarae'n gelfydd.
Er nad oes gan lofruddiaeth dafod,
nid yw'n fud.

Fe ofynna i i'r actorion chwarae rhywbeth tebyg   490
i lofruddiaeth fy nhad, yng ngŵydd f'ewyrth.
Ei frathu e i'r byw.
A chraffu arno.
Os bydd e'n gwelwi, gwn
beth fydd raid imi ei wneud.   495

Mae'n bosib taw'r Gŵr Drwg ei hun
oedd yr ysbryd a welais i.
Gall arddel ffurf ddeniadol er mwyn hudo dyn,
ac efallai iddo fanteisio
ar fy mhruddglwyf a'm gwendid   500
er mwyn fy hala i uffern.
Fe gaf i sail gadarnach i'm gweithredu.
Bydd y chwarae'n broc i gydwybod tila'r Teyrn.   [*Exit*

Act 3

Golygfa **1**

Enter Y BRENIN *a'r* FRENHINES, POLONIWS, OFFELIA, ROSENCRANTS, GILDENSTERN, *ac* ARGLWYDDI

BRENIN	Lwyddoch chi ddim, felly, i droi'ch sgyrsiau fel ag i ddarganfod pam mae e'n ymddwyn fel petai'n ynfyd, yn codi twrw a chreu helynt bob awr o'r dydd?
ROSENCRANTS	Mae'n cyfaddef ei fod yn teimlo'n ddryslyd, ond heb gynnig gair o eglurhad. 5
GILDENSTERN	Cyndyn yw i gael ei holi ar y pwnc, gan ein cadw o hyd braich ag ystrywiau gorffwyll.
BRENIN	Geisioch chi ei hudo â rhyw fath o adloniant?
ROSENCRANTS	Roedd wrth ei fodd pan glywodd am griw o actorion sydd ar eu ffordd yma. Gwysiodd nhw i berfformio yma heno. 10
GILDENSTERN	Do. Ac erfyn arna i i ymbil ar eich dau Fawrhydi i ddod i wylio'r chwarae.
BRENIN	Dof, a'm holl galon. Rwy'n falch o glywed am yr elfen hon. Blaenllymwch ei awch, foneddigion, a'i annog i ymddiddori fwy fyth. 15
ROSENCRANTS	Gwnawn hynny, f'arglwydd Frenin.

[Exeunt ROSENCRANTS, GILDENSTERN *a'r* ARGLWYDDI

BRENIN	Cer dithau hefyd, Gertrwd annwyl. Rydym wedi anfon am Hamlet, gan drefnu iddo ddigwydd taro ar Offelia, ar ddamwain, fel petai, yn y fan hon. Bydd ei thad a minnau ynghudd gerllaw, mewn man y gallwn fod yn dystion i'w cyfathrach, yn 20 ddiarwybod iddo ef, a chloriannu'r cyfan.
BRENHINES	Offelia fach, mawr yw 'ngobaith taw dy degwch di yw achos afreoleidd-dra Hamlet. Gobeithiaf hefyd y daw dy rinweddau ag ef yn ôl at ei goed, er anrhydedd ichi'ch dau.
OFFELIA	Dyna 'ngobaith innau, madam. 25

POLONIWS   Offelia, cerdda di yn ôl a blaen, fan hyn. Eich Mawrhydi,
os gwelwch chi'n dda, fe awn ni o'r golwg. [*Wrth* OFFELIA]
Darllen di'r llyfr gweddi hwn. Bydd hynny'n esgus iti fod ar
dy ben dy hun. Alla i glywed e'n nesu. O'r golwg, f'arglwydd.

[*Exeunt* Y BRENIN *a* POLONIWS

HAMLET   Aha! Y brydferthocaf Offelia! Riain deg, yn eich gweddïau   30
gwiw, cofiwch 'mhechodau oll.

OFFELIA   Dydd da, f'arglwydd. Sut rydych chi ers lawer dydd?

HAMLET   Yn dda iawn, iawn, iawn, diolch yn fawr iawn ichi.

OFFELIA   Dyma anrhegion, f'arglwydd, a ges i gennych chi. Rwy wedi
bod yn awyddus i'w dychwelyd nhw ers amser. Cymerwch   35
nhw'n awr, os gwelwch yn dda.

HAMLET   Naddo, wir. Roddais i ddim yw dim ichi.

OFFELIA   F'anrhydeddus arglwydd, gwyddoch yn iawn ichi wneud hynny,
a'u cyflwyno gyda geiriau annwyl a ychwanegodd at eu gwerth.
Pallodd eu perarogl bellach. Cymerwch nhw. Cyll rhoddion drud   40
eu gwerth, pan dry'r rhoddwr yn anghariadus. Dyma chi,
f'arglwydd.

HAMLET   Hmm! Wyt ti'n bur?

OFFELIA   F'arglwydd?

HAMLET   Wyt ti'n lân?   45

OFFELIA   Beth mae f'arglwydd yn ei feddwl?

HAMLET   Os wyt ti'n bur yn ogystal â glân, ni ddylai fod unrhyw
gyfathrach rhwng dy burdeb a'th lendid.

OFFELIA   Allai glendid, f'arglwydd, gyfathrachu ag unrhyw beth gwell
na phurdeb?   50

HAMLET   Heb os nac oni bai. Gall glendid buteinio purdeb cyn i burdeb
wneud glendid yn debyg iddo'i hun. Eithriad oedd hynny,
ar un adeg, ond nawr mae'n wireb. Roeddwn i'n dy garu di gynt.

OFFELIA   Yn wir ichi, f'arglwydd, fe baroch imi goelio hynny.

HAMLET   Ddylet ti ddim fod wedi 'nghoelio i. Doeddwn i ddim yn dy   55
garu di.

OFFELIA	Ces fy nghamarwain.
HAMLET	Cer i gwfaint. Pam rwyt ti â'th fryd ar famogi pechaduriaid? Er 'mod i'n lled gydwybodol, gallwn, serch hynny, fy nghyhuddo fy hun o bethau a wnâi i'm mam edifarhau o'm geni. 60 Rwy'n rhyfygus, yn ddialgar, ac yn uchelgeisiol, gyda mwy o gamweddau at fy ngwasanaeth nag o feddyliau i'w cynnwys, dychymyg i'w llunio, ac amser i'w gweithredu. Beth dâl i greaduriaid fel fi ymlusgo rhwng llawr a nef? Paid â choelio'r un gair gan yr un ohonom ni. Bant â thi i gwfaint. Ble mae dy 65 dad?
OFFELIA	Gartref, f'arglwydd.
HAMLET	Cadw e yno, dan glo, i chwarae'r ffŵl yn ei dŷ ei hun ac nid yn unman arall. Da bo ti.
OFFELIA	O Dad nefol, helpa fe! 70
HAMLET	Os priodi di, cei gen i'r felltith hon yn waddol: hyd yn oed os byddi mor ddiwair ag iâ ac mor bur â'r eira, wnei di ddim osgoi athrod. Cer i gwfaint. Cer. Da bo ti. Ond os oes raid iti briodi, prioda ffŵl gan fod dynion call yn gwybod am eich gallu i'w troi'n anghenfilod. Cer. I gwfaint. Ar unwaith. Da bo ti. 75
OFFELIA	Adfer e, Dad nefol.
HAMLET	Clywais ddigon am eich paentio hefyd. Er i Dduw roi un wyneb ichi, rhaid i chi lunio un arall. Rych chi'n mingamu wrth brepian, yn siglo'ch penole wrth gerdded, yn glasenwi anifeiliaid bychain a grëwyd gan Dduw ac yn cuddio'ch anwybodaeth â dwli. Cer. 80 Dyna hen ddigon. Mae wedi 'ngwneud i'n wallgo. Fydd dim rhagor o briodi, os caf i'n ffordd. Caiff pawb sydd eisoes yn briod fyw – ac eithrio un. Am y gweddill, fe gân' aros fel y maen nhw. Bant â thi, i gwfaint. [*Exit*
OFFELIA	Mae'r meddwl mawr yn deilchion. Uchelwr, milwr, ysgolhaig 85 blaena'i oes; gobaith gwiw ac addurn hardda'r deyrnas. Eilun ei gyfoedion, cynddelw moes, yn chwilfriw. Nid oes menyw fwy truenus yn y byd na fi, a flasodd fêl ei addewidion. Meddwl a fu unwaith mor gadarn ei resymeg, yn datsain yn aflafar, fel clychau swynol ma's o gywair. Bonheddwr ifanc 90 glanaf ei genhedlaeth wedi ei hagru gan wallgofrwydd. Gwae fi a'i gwelais gynt ac a'i gwelaf nawr!

Enter Y BRENIN *a* POLONIWS

BRENIN   Serch, ddwedoch chi? Doedd ei deimladau ddim yn awgrymu
hynny, na'i eiriau, er eu bod yn wyllt iawn ar adegau, yn debyg
i rai gwallgofddyn. Mae ei bruddglwyf yn gori ar rywbeth yn   95
nwfn ei enaid ac mae arna i ofn y gallai hwnnw, beth bynnag yw,
o'i ddeor, fod yn beryglus. Felly, er mwyn osgoi'r fath gyfwng,
rwyf wedi penderfynu ei anfon ef i Loegr, i gasglu'r dreth sy'n
ddyledus inni'n y deyrnas honno. Beth ddwedwch chi?

POLONIWS   Syniad rhagorol. Serch hynny, rwy'n dal i dybio taw serch a   100
siomwyd sydd wrth wraiddd ei adfyd. Pa hwyl, Offelia? Does
dim angen iti ailadrodd geiriau'r Arglwydd Hamlet wrthym.
Clywsom y cyfan. F'arglwydd, gwnewch fel y mynnwch, ond os
yw hynny'n rhyngu bodd ichi, wedi'r perfformiad, gofynnwch
i'w fam ei holi ynglŷn â'i iselder. Dylai hi siarad ag e heb flewyn   105
ar dafod. Gwnaf innau'n siŵr, gyda'ch cennad chi, syr, y byddaf
i mewn man a lle i glywed popeth. Oni bai ei bod hi'n llwyddo
i ddatgelu'r gwir, anfonwch ef i Loegr, neu ei roi dan glo, yn
unol â'ch doethineb.

BRENIN   Boed felly. Gwylied gwallgofrwydd gwroniaid.   [*Exeunt* 110

Enter HAMLET

HAMLET   Bod neu beidio â bod – dyna'r dewis.
Ai dewrach dioddef yn feddyliol
saethau ac ergydion mympwyol Ffawd,
na gwrthryfela'n erbyn llanw gofidiau
a'u difa wrth eu herio?   115
Marw. Huno.
Dyna'r cwbl yw e.
Ac wrth gysgu, diddymu'r clwyfau a'r siomedigaethau
a etifeddwyd gan y cnawd.
Penllâd i ddyheu amdano.   120
Marw. Huno.
Huno.
A breuddwydio, efallai.
Dyna'r aflwydd.
Ofn yr hunllefau allai darfu ar drwmgwsg angau   125
wedi inni ddiosg enbydrwydd bywyd
sy'n peri inni betruso.

Dyna pam mae gorthrymedigion
yn derbyn oes dan draed.
Pwy fyddai'n goddef dirmyg a chystuddiau'r byd,   130
rhyfyg gormeswyr,
gwatwareg dynion haerllug,
pangau siomiant serch,
arafwch y gyfraith,
trahauster swyddogion   135
a'r cam a wneir â phobl dda gan ddynion anfad,
a chanddo'r gallu i adael y byd
â chymorth llafn neu nodwydd fechan?
Pwy fyddai'n tuchan, chwysu
ac ysigo dan bwysau bywyd   140
oni bai fod arno ofn yr hyn all ddilyn angau;
y wlad bell na ddychwel undyn o'i thiriogaeth?
Hynny sy'n drysu'r ewyllys,
yn peri inni ddygymod â'n haflwyddiannau'n   145
Synfyfyrio sy'n ein gwneud ni oll yn gachgwn.
Fel yna y taena'r meddwl wawl glafychus
dros wrid iach yr wyneb dewr.
Dyna sut yr â uchel amcanion
ar gyfeiliorn.   150
Mae hel meddyliau'n cloffrwymo gweithredoedd.

EGWYL

Golygfa 2

Enter HAMLET *a'r* ACTORION

HAMLET   Llefara'r araith, rwy'n erfyn arnat ti, fel y gwnes i gynnau; gad iddi lifo'n rhugl oddi ar dy dafod. Os gwnei di ei brygowthan hi, yn null llawer o'n hactorion, byddai'n well gen i i'r bloeddiwr cyhoeddus ei datgan. Paid di, chwaith, â llifio'r awyr â dy law, fel hyn. Gwna bopeth yn ddiffwdan. Oblegid   5 mae gofyn iti, yn rhyferthwy tymhestlog dy nwyd, yng nghanol corwynt dy deimladau, gaffael y cymedroldeb a'u gwna'n llyfn. Cofia di.

PRIF ACTOR   Wrth gwrs, f'arglwydd.

HAMLET   Ond paid â bod yn rhy ddof chwaith. Derbyn gyfarwyddyd dy   10 chwaeth. Dylai'r ystum gyd-fynd â'r gair a'r gair â'r ystum, a chymer ofal arbennig rhag tramgwyddo'n erbyn diymhongarwch natur. Mae gormodiaith yn groes i nod ac amcan y ddrama o'i dechreuad hyd y dydd heddiw, sef adlewyrchu natur. Gall gor-actio ac actio trwstan ddifyrru'n werin ddi-ddysg, tra'n   15 peri i bobol ddiwylliedig wingo. Gwelais actorion yn gwatwar y ddynoliaeth mewn ffordd hollol wrthun, ac yn cael eu canmol.

PRIF ACTOR   Rwy'n meddwl ein bod ni wedi diwygio'r brychau hynny'n weddol, syr.

HAMLET   Diwygiwch nhw'n llwyr! A mynnu bod y digrifwyr yn cadw   20 at eu llinellau. Dyna ni. Ewch i wneud eich hunain yn barod.

[*Exeunt* YR ACTORION

Enter POLONIUS, ROSENCRANTS *a* GILDENSTERN

Henffych well, f'arglwydd! Ddaw'r Brenin i weld y perfformiad?

POLONIWS   Ef a'r Frenhines, a hynny yn y man.

HAMLET   Dwedwch wrth yr actorion am roi traed dani.

[*Exit* POLONIWS

Enter HORASIO

| | Croeso, Horasio! Un o'r dynion gonestaf y cwrddais ag ef erioed. | 25 |

HORASIO F'arglwydd caredig i ...

HAMLET Paid â meddwl 'mod i'n gwenieithu. Faint elwach fyddwn i, gan taw d'unig drysor di yw calon gywir? Beth dâl hi i grafu tinau'r tlodion? Caiff gŵr fel ti, nad yw i'w nwydau'n gaeth, 30 fynediad i graidd fy nghalon, ie, i graidd y craidd. Ond dyna ddigon. Heno, gerbron y Brenin, perfformir drama ac ynddi un olygfa'n darlunio digwyddiad digon tebyg i farwolaeth fy nhad, fel y soniais i wrthyt ti amdano. Rwyf am iti wylio f'ewyrth pan chwaraeir y darn hwnnw. Craffa arno. Bydd fy llygaid i 35 wedi eu hoelio ar ei wep. Wedyn, fe ddown at ein gilydd i drafod ei berfformiad.

HORASIO O'r gorau, f'arglwydd. Fe wna i farcuta'r euogrwydd brenhinol gydol y chwarae.

HAMLET Dacw nhw'n dod. Rhaid imi ymddangos yn ddidaro. 40 Cer i chwilio am le.

Cerddoriaeth: Gorymdaith Ddanaidd
Utgyrn a thabyrddau
Enter y BRENIN *a'r* FRENHINES, POLONIWS, OFFELIA, ROSENCRANTS, GILDENSTERN *ynghyd ag* ARGLWYDDI'R LLYS *a* GWARCHODLU *gyda ffaglau*

BRENIN Sut mae ein câr, Hamlet?

HAMLET Yn ardderchog, ar fy ngwir. Yn byw fel y madfall symudliw ar awyr iach ac addewidion. Nid felly mai pesgi llo.

BRENIN Ddeallais i'r un gair ddwedaist ti, Hamlet. Roedd d'ateb di'n 45 hollol amherthnasol.

HAMLET Rwy'n berthynas amherthnasol. [*Wrth* POLONIWS] Clywais sôn, f'arglwydd, i chithau actio pan oeddech chi'n fyfyriwr?

POLONIWS Digon gwir, f'arglwydd. Roeddwn i'n cael f'ystyried yn actor go lew. 50

HAMLET Pa rannau chwaraeoch chi?

POLONIWS Iwl Cesar, unwaith. Cefais fy llofruddio yn Rhufain, gan Brwtws.

HAMLET	Hen un brwnt oedd Brwtws. Lladd llo a hwnnw'n 'rhy fain'. Ydy'r actorion yn barod?
POLONIWS	Ydyn, f'arglwydd. Ac yn aros yn amyneddgar.
BRENHINES	Dere yma, fab annwyl, ac eistedd wrth f'ymyl i.
HAMLET	Na wnaf wir, fam annwyl. Dyma fetel mwy deniadol.
POLONIWS	Oho! Sylwoch chi?
HAMLET	Ga' i orffwys, ar eich bron, fonesig?
OFFELIA	Na chewch, f'arglwydd!
HAMLET	Hynny yw, ger eich bron.
OFFELIA	Felly.
HAMLET	Feddylioch chi 'mod i'n masweddu?
OFFELIA	Dim o gwbl.
HAMLET	Dda gen i ddim.
OFFELIA	Dda gennych chi ddim – beth?
HAMLET	Y dim sy rhwng coesau merched ifainc.
OFFELIA	Rych chi mewn hwyliau da, f'arglwydd.
HAMLET	Pwy? Fi?
OFFELIA	Ie, f'arglwydd.
HAMLET	Rhad arna i! Pen miriman y Llys! Beth all dyn ei wneud ond hwylio'n hwyliog? Dacw fy mam, sydd mor galonnog er nad oes ond dwyawr er pan fu farw 'Nhad.
OFFELIA	Mae pedwar mis oddi ar hynny, f'arglwydd.
HAMLET	Gyhyd? I'r diawl â mwrnin felly. Fe wisga i ddillad lliwgar, llachar. Deufis er pan fu e farw, a phobol yn dal i gofio amdano fe!

Sain utgyrn: Enter DAU ACTOR *yn niwyg* BRENIN *a* BRENHINES, *yn gariadus iawn gan gofleidio ei gilydd. Penlinia hi a datgan ei chariad ato. Cwyd ef hi ar ei thraed gan orffwys ei ben ar ei mynwes. Gorwedda ef wedyn ar wely o flodau. Gan weld ei fod yn cysgu, â hi ymaith. Yn y man, ymddengys dyn arall; cymer goron* Y BRENIN, *cusana hi, doda wenwyn yng nghlust y cysgadur*

55

60

65

70

75

ac ymadael. Dychwel Y FRENHINES, *canfod* Y BRENIN *yn farw a datgan ei thrallod. Dychwel* Y GWENWYNWR *gyda thri neu bedwar o gyfeillion y tro hwn ac esgus cydymdeimlo â'r* FRENHINES. *Cludir ymaith y corff. Mae'r* GWENWYNWR *yn datgan ei serch wrth* Y FRENHINES *ac yn cyflwyno rhoddion iddi. Gwrthyd hi ef yn chwyrn i ddechrau ond yna derbyn ei serch.*

[*Exeunt* Y MEIMWYR

OFFELIA	Beth oedd ystyr hyn 'na, f'arglwydd?
HAMLET	Malais a misdimanars ymhlith mawrion.

80

OFFELIA	Roedd y meim yn rhoi amcan o'r plot, mae'n debyg?

Enter y PEDWERYDD ACTOR *fel* PROLOG

HAMLET	Gawn ni glywed gan hwn. Rhai gwael am gadw cyfrinach yw actorion. Maen nhw wastad yn datgelu'r cwbwl.
OFFELIA	Ddatgelith e ystyr yr olygfa yna inni?
HAMLET	A phopeth arall ddaw i'r golwg. Fe allwch chi ddangos y cyfan iddo fe, yn hollol ddigywilydd. Fydd arno fe ddim cywilydd datgan ei farn.

85

OFFELIA	Rych chi'n ddrwg iawn, iawn. Rwyf i am wylio'r ddrama.
Y PEDWERYDD ACTOR	[*Fel Prolog*] I ni a'n dramodig, Gynulleidfa fonheddig, Gwrandawiad caredig erfyniwn. [*Exit*

90

HAMLET	Mwy o rigwm nag o ragair!
OFFELIA	Roedd e'n gwta iawn, f'arglwydd.
HAMLET	Fel cariad menyw.

Enter DAU ACTOR *fel* BRENIN *a* BRENHINES

YR ACTOR CYNTAF	[*Fel* BRENIN] Ddeng mlynedd faith ar hugain O gylch y ddaear hon Y treiglodd cerbyd aur yr haul Ei olau euraid, llon, Deuddengwaith ddeg ar hugain, Rhodiodd y lleuad wen, Hi a'i phelydrau benthyg, Drwy'r wybren oer uwchben,

95

100

Er uno ein calonnau
Gan serch â'i ddwyfol dân,
A'n cyrff ni, a'n heneidiau   105
Yn rhwymau priodas lân.

YR AIL ACTOR [*Fel* BRENHINES] Bydded i Phoebws danbaid
A'i chwaer, y lleuad dlos
Oleuo'r byd a'i bobloedd
Gyhyd bob dydd a nos   110
Cyn i'r cariad ballu,
Yn ein calonnau ni,
Cariad pur, dihalog,
Diderfyn fel y lli.
Serch hynny, rwy'n gofidio   115
F'anwylyd hynod, gwiw
Nad wyt mor nwyfus ag o'r blaen
Cans pylu mae dy liw.
Ond paid di â phryderu
Nac ofni gwae na chlwy;   120
Gwyddost sut gall cariad mawr
Weld aflwydd bach yn fwy.

YR ACTOR   [*Fel* BRENIN] Serch hynny, f'annwyl briod
CYNTAF   'Madael fydd raid i mi
Â'r fuchedd hon am fyd sydd well   125
Er gwaetha'th ddagrau di.
Cei dithau aros yma
Yn wych a mawr dy barch
Flynyddoedd wedi 'nghladdu i
Yng ngwaelod bedd, mewn arch.   130
Priodi wnei yr eildro –

YR AIL ACTOR [*Fel* BRENHINES] Na wnaf i, fyth, myn Mair!
Ni fynnwn briodi eto,
Rwy'n rhoddi iti 'ngair.

Yr unig ŵr a haedda   135
Yr hon a ailbrioda
Yw'r cerlyn codog, castiog, certh
Lofruddiodd ei gŵr cynta.

HAMLET   [*Neilleb*] Dyna wermod!

YR AIL ACTOR	[*Fel* BRENHINES] Nid Cariad sy'n ysgogi	140
	Gweddw i geisio gŵr;	
	Uchelgais yw'r cymhelliad,	
	Hynny sy'n ddigon siŵr.	
	Pe byddwn i'n gywely	
	I rywun ond tydi	145
	Byddai 'nghusanau iddo ef	
	Yn d'ail-lofruddio di.	
YR ACTOR CYNTAF	[*Fel* BRENIN] Daw d'eiriau di, f'anwylyd	
	Mi wn, yn syth o'r galon	
	Ond O, mor anodd yw i ni	150
	Gadw ein haddewidion.	
	Ni biau ein meddyliau	
	A'n dirfawr ddyheadau	
	Ond ni allwn fyth rag-weld	
	Beth fydd eu canlyniadau.	155
	Dywedi'n awr na fyddi	
	Di fyth yn ailbriodi	
	Ond a'th ŵr cyntaf yn ei fedd	
	D'ewyllys a wnaiff drengi.	
YR AIL ACTOR	[*Fel* BRENHINES] Na foed i'r ddaear 'mwydo	160
	Na'r wybren fy ngoleuo	
	Na foed, fyth, ddifyrrwch im	
	Os priodi wnaf yr eildro.	
	Os priodi wnaf yr eildro,	
	Wraig weddw ffals, ddihidio	165
	Fy haeddiant fydd, af ar fy llw	
	I'r nefoedd fy melltithio.	
YR ACTOR CYNTAF	[*Fel* BRENIN] Dy lw, fy mhriod annwyl	
	Sydd deilwng, dwys a hardd,	
	Ond gad fi'n awr,	170
	Os gweli'n dda,	
	I orffwys yn yr ardd.	
	Rwy'n teimlo'n dra lluddedig	
	Oherwydd gwres y p'nawn.	

	Gad fi nes imi ddeffro 175
	Wedi f'adferu'n llawn.
YR AIL ACTOR	[*Fel* BRENHINES] Cwsg yn bêr fy arglwydd,
	Cwsg yn bêr fy llyw,
	Na foed i anap creulon
	Ddod rhyngom yn ein byw. 180

[*Cwsg yr* ACTOR-FRENIN. *Exit* YR ACTOR-FRENHINES

HAMLET	Ydych chi'n mwynhau'r ddrama, f'arglwyddes?
BRENHINES	Rwy'n meddwl bod y foneddiges yn taeru'n rhy daer.
HAMLET	Fe gadwith ei hadduned, fe gewch chi weld.
BRENIN	[*Wrth* POLONIWS] Mae'r chwedl yn tramgwyddo, on'd yw hi?
HAMLET	Dim o gwbl. Dim ond cogio gwenwyno maen nhw. Gweithred 185 hollol ddi-dramgwydd.
BRENIN	Beth yw enw'r ddrama fondigrybwyll?
HAMLET	Y Trap Llygod Mawr. Hanes llofruddiaeth a gyflawnwyd yn Fienna 'slawer dydd. Gonsago yw enw'r Dug, a'i wraig, Baptista. Fel y cewch chi weld, maes o law. Gwaith ysgeler. 190 Ond pa ots am hynny? Dyw'r digwyddiad na hwnt nac yma i chi, nac i ni, nac i neb dieuog arall.

Enter y TRYDYDD ACTOR *fel* LWSIANWS

HAMLET	Lwsianws yw hwn, nai'r Brenin.
OFFELIA	Rych chi gystal â chorws, f'arglwydd.
HAMLET	Byddai'n well gen i fod yn llatai rhyngoch chi a'ch cariad, 195 a'ch gweld chi'n cambihafio.
OFFELIA	Rych chi'n finiog iawn, f'arglwydd.
HAMLET	Chewch chi ddim pylu fy min i heb duchan.
OFFELIA	O ddrwg i waeth.
HAMLET	Hai ati, lofrudd. Rho'r gorau i wneud stumiau, y bwbach, a 200 dechrau arni. Dere. Mae'r gigfran ddu'n crawcian am ddial.
Y TRYDYDD ACTOR	[*Fel* LWSIANWS] Meddyliau maleisus, Cyfle tra ffodus, Dwy law sy gymwys,

	Gwenwyn pwerus	205
	Heintiwyd gan dafod	
	Brenhines y Gwrachod	
	Mewn diawledig ddefod	
	Lle cablwyd y Duwdod.	
	Ebrwydd yw d'effeithiau	210
	Di, O sug rhagorol.	
	Anffaeledig ydwyt,	
	Ac angheuol. [*Mae'n arllwys y gwenwyn i glustiau'r* BRENIN	

HAMLET   Mae'n ei wenwyno'n yr ardd er mwyn trawsfeddiannu'i stad.
Ei enw e yw Gonsago. Mae'r stori ar glawr, mewn Eidaleg   215
coeth iawn. Yn y man, fe welwch chi'r llofrudd yn ennill
calon gweddw Gonsago.

OFFELIA   Mae'r Brenin am ymadael.

HAMLET   Wedi cael braw gan getris gweigion?

BRENHINES   Ydych chi'n iawn, f'arglwydd?   220

POLONIWS   Terfyned y chwarae.

BRENIN   Ffaglau, ar unwaith! Ymaith â ni!

POLONIWS   Ffaglau, ffaglau, ffaglau!   [*Exeunt oll ond* HAMLET *a* HORASIO

HAMLET   Mae'r hydd a drawyd gan y saeth
    Yn wylo dagrau hallt,   225
Tra'r un nas clwyfwyd, llawen yw,
    Wrth chwarae ar yr allt.
Rhai yn diodde, rhai'n ddi-boen,
    Dyna'r drefn o hyd.
Rhai'n mynd lan ac eraill lawr,   230
    Lle fel 'ny ydyw'r byd.

Horasio, fy nghyfaill hawddgar! Fe rown i fil o bunnau ar air
yr ysbryd. Sylwaist ti?

HORASIO   Do, wir, f'arglwydd.

HAMLET   Pan soniwyd am wenwyno?   235

HORASIO   Yn hollol.

HAMLET   Aha! Dewch. Tipyn o gerddoriaeth. Y pibgyrn. Pa ots os nad
oedd y ddrama at ddant y brenin? Dewch nawr. Miwsig.

Enter ROSENCRANTS *a* GILDENSTERN

GILDENSTERN	Os gwelwch chi'n dda, f'arglwydd. A gaf i air â chi?
HAMLET	Llond llyfr, syr.
GILDENSTERN	Mae'r Brenin, syr –
HAMLET	Ie, syr, beth amdano fe, syr?
GILDENSTERN	Mae'r Brenin, syr, wedi ymneilltuo i'w siambr, ac mewn hwyliau enbyd.
HAMLET	Wedi meddwi, syr?
GILDENSTERN	Nage, f'arglwydd, wedi ei gythruddo.
HAMLET	Rwy'n meddwl y dylech chi ddweud hynny wrth ei feddyg.
GILDENSTERN	Peidiwch â rhusio, syr, wrth imi siarad â chi.
HAMLET	Rwy'n ddof iawn, syr. Llefarwch.
GILDENSTERN	Mae eich mam, y Frenhines, yn anesmwyth iawn ei hysbryd, ac wedi f'anfon i atoch chi.
HAMLET	Croeso cynnes iawn ichi.
GILDENSTERN	Os gwelwch chi'n dda, f'arglwydd. Gaf i ateb call?
HAMLET	Amhosib.
ROSENCRANTS	Beth, f'arglwydd?
HAMLET	Mae'n amhosib imi roi ateb call ichi. Gan nad ydw i'n gall. Ta p'un am hynny. Mae fy mam, meddech chi ...?
ROSENCRANTS	Dyma'i neges hi. Fod eich ymddygiad wedi achosi iddi synnu a rhyfeddu.
HAMLET	Rhyfedd o fab i synnu ei fam fel hyn. Oes tro yng nghynffon y neges? Hysbyser.
ROSENCRANTS	Mae hi am siarad â chi yn ei siambr, cyn ichi noswylio.
HAMLET	Buasem yn ufuddhau petai hi'n fam inni ddengwaith drosodd. Ydych chi'n deisyfu rhyw gyfathrach bellach â ni?
ROSENCRANTS	Roeddech chi, f'arglwydd, yn arfer f'ystyried i'n gyfaill.
HAMLET	Ac yn dal i wneud hynny – myn y dwylo blewog hyn.

240

245

250

255

260

265

ROSENCRANTS	Dywedwch wrtho i felly, f'arglwydd, beth yw achos eich anhwylder? Rych chi'n niweidio'ch lles eich hun trwy wrthod ymddiried mewn cyfaill.
HAMLET	Nid wyf i'n dod yn fy mlaen, syr. 270
ROSENCRANTS	Sut gallwch chi ddweud hynny, a'r Brenin ei hun wedi datgan taw chi fydd ei olynydd?
HAMLET	Diau hynny, syr, ond chwedl yr hen air: "Tra bo'r gwair yn tyfu, y merlyn main sy'n trengi".
	Enter ACTORION *gyda phibgyrn*
	Aha! Pibgyrn. Dewch ag un i mi. Wnewch chi chwarae'r 275 offeryn hwn?
GILDENSTERN	Alla i ddim, f'arglwydd.
HAMLET	Rwy'n ymbil arnoch.
GILDENSTERN	Coeliwch fi. Alla i ddim.
HAMLET	Rwy'n erfyn arnoch. 280
GILDENSTERN	Does gen i'r un amcan, f'arglwydd.
HAMLET	Mae cyn hawdded â phalu celwyddau. Dodwch eich bysedd a'ch bodiau dros y tyllau; chwythwch, ac fe glywch chi gerddoriaeth odidog. Edrychwch. Dyma'r tyllau.
GILDENSTERN	Alla i gael nac alaw na chytgord o'r rhain. Alla i ddim. 285
HAMLET	Rych chi'n fy nghymryd i fel peth gwael iawn ynte. Ceisio fy chwarae i. Fy nghymell i ganu. Cyweirio fy nghalon. Seinio pob nodyn yn f'enaid, o'r uchaf i'r isaf. Ac er bod llond yr offeryn bychan hwn o fiwsig, allwch chi ddim cael yr un nodyn ma's ohono. Y nefoedd a'ch gwaredo! Ydych chi'n 290 meddwl mod i'n haws fy nhrin na phib?
	Enter POLONIWS
	Rhad Duw arnoch, syr!
POLONIWS	F'arglwydd, mae'r Frenhines am siarad â chi, ar unwaith.
HAMLET	Welwch chi'r cwmwl mawr acw, a'i ffurf yn debyg iawn i gamel? 295
POLONIWS	Tawn i byth o'r fan. Mae e'n debyg i gamel.

HAMLET	Rwy'n ei weld e'n debyg i wenci.
POLONIWS	Mae ganddo gefn fel wenci
HAMLET	Neu forfil.
POLONIWS	Tebyg iawn i forfil. 300
HAMLET	Ac felly, fe af i weld fy mam, yn y man. [*Neilleb*] Mae eu plagio'n annioddefol. Fe ddof i, yn y man!
POLONIWS	Fe ddweda i hynny.
HAMLET	Hawdd dweud 'yn y man'. [*Exit* POLONIWS

Gadewch fi, gyfeillion. [*Exeunt oll ond* HAMLET 305

Dyma'r awr o'r nos sydd hoff gan wrachod,
safnau'r mynwentydd ar agor led y pen;
uffern ddofn yn anadlu
afiechydon dros y byd.
Gallwn yfed gwaed poeth yn awr 310
a gwneud pethau gwyrdröedig
a fyddai'n dychryn golau dydd.
Dyna ddigon.
At fy mam yn awr.
Fe fydda i'n greulon 315
heb fod yn annaturiol.
Fy meddwl fel cyllell,
er na fydd cyllell yn fy llaw.

Golygfa 3

Enter Y BRENIN, ROSANCRANTS *a* GILDENSTERN

BRENIN   Dda gen i mo hyn. Nid yw'n ddiogel inni ganiatáu rhagor o
benrhyddid i'w wallgofrwydd. Gwnewch y trefniadau
angenrheidiol. Lluniaf eich comisiwn ar unwaith, a chaiff yntau
fynd gyda chi i Loegr. Ni all ein llywodraeth oddef bygythiad
o'r fath, a hwnnw'n gwaethygu fesul awr. 5

GILDENSTERN   Braint yw gwasanaethu eich Mawrhydi.
Ein dyletswydd gysegredig ni
yw gwneud yr oll a allwn i ddiogelu'r
bodau hynny y mae eich Mawrhydi chi
yn fwyd a diod iddynt.   10

ROSENCRANTS   Nid ar ei ben ei hun y trenga teyrn;
mae fel trobwll enfawr
yn sugno popeth o'i amgylch
i lawr i'r dyfnderoedd gydag ef.
Mae brenhiniaeth fel olwyn fawr, aruthrol   15
a deng mil a mwy o beiriannau bychain
wedi eu sodro'n sownd iddi.
Pan ochneidia'r brenin,
bydd teyrnas gyfan yn griddfan gydag ef.

BRENIN   Ymbaratowch ar frys ar gyfer y fordaith. Rhaid llyffetheirio'r   20
ofn sy'n rhodio'n awr yn ddiwahardd.

ROSENCRANTS   Awn ac ufuddhawn, eich Mawrhydi.

                             [*Exeunt* ROSENCRANTS *a* GILDENSTERN

     Enter POLONIWS

POLONIWS   Mae e ar ei ffordd i siambr ei fam, eich Mawrhydi. Fe guddia
innau y tu ôl i un o'r murlenni i wrando ar eu hymddiddan.
Rwy'n siŵr y dwedith hi'r drefn wrtho fe. Roeddech chi yn   25
llygad eich lle pan ddwedoch chi gynnau mai da o beth fyddai
i glust mwy diduedd nag un ei fam wrando ar ei eiriau, gan ei
bod hi, yn naturiol ddigon, yn llai na gwrthrychol. Da bo chi,
f'arglwydd. Fe alwa i arnoch chi cyn clwydo i roi gwybod
ichi'r hyn a glywais.   30

BRENIN   Fy niolch diffuant, f'arglwydd ffyddlon.   [*Exit* POLONIWS
Cwyd drewi 'nhrosedd wrthun at byrth y nef;
arni mae melltith y camwedd cyntaf,
llofruddiaeth brawd.
Alla i ddim gweddïo   35
er mor daer yw f'awch.
Er cryfed yr awydd,
euogrwydd sydd gryfach fyth.
Rwyf i fel dyn sy'n anwadalu

rhwng dwy swydd,   40
yn methu penderfynu
p'un i fynd i'r afael
â hi gyntaf
ac felly'n esgeluso'r ddwy.
Beth petai'r gwaed ar y llaw hon   45
yn dyblu'i thrwch?
Oni all cawodydd hyfryd
gras y nef
ei golchi'n lân,
ei channu'n wyn?   50
Dyrchafaf fy llygaid, felly.
Perthyn fy nhrosedd i'r hyn a fu.
Ond gwae fi,
pa fath o weddi fydd o les imi?
'Maddau imi fy llofruddiaeth aflan?'   55
Thâl hynny ddim, a minnau'n dal
i feddu'r pethau y lleddais er eu mwyn:
fy nghoron, f'uchelgais, fy mrenhines.
All dyn gael maddeuant
heb golli elw'r camwedd?   60
Mor aml, yn y byd llygredig hwn,
y rhydd euraid law camwri
hergwd i gyfiawnder,
ac y bydd gwobr anghyfreithlon
yn gwyrdroi y gyfraith.
Ond nid felly y mae hi yn nheyrnas nef.   65
Nid oes cafflo yno,
lle gwelir y weithred yn hollol fel y mae.
Beth wedyn?
Beth alla i wneud?   70
Gweld beth a ddaw o edifarhau,
a beth na ddaw?
Faint elwach fydd y gŵr na all edifarhau?
Angylion nef, cynorthwywch fi.
Ymdrechwch drosof.   75
Plygwch, liniau 'styfnig.
Gïau dur fy nghalon,
ymdynerwch, fel rhai baban.

Efallai y bydd popeth yn iawn yn y diwedd.

Penlinia'r BRENIN. *Enter* HAMLET

HAMLET   O gyfle bendigedig!   80
Taro ac yntau'n gweddïo.
Talu'r pwyth, a'i hala i'r nefoedd.
Rhaid edrych yn ofalus ar hyn.
Dihiryn yn lladd fy nhad,
a minnau, ei unig fab,   85
oherwydd hynny'n
danfon y diawl i'r nefoedd.
Gwobr hael a chyflog yw peth felly,
nid dial.
Na.   90
Yn ôl i'th wain, fy nghledd,
hyd nes daw cyfle am fileiniach dial.
Ac yntau'n huno'n feddw fawr,
neu'n gynddeiriog,
neu'n ymdrybaeddu mewn llosgach,   95
neu'n cyflawni gweithred arall heb arni
arlliw o iachawdwriaeth.
Yna, ei faglu, fel bod ei sodlau'n
cicio tua'r nef
a'i enaid pygddu'n cwympo i lawr   100
i uffern.
Mae fy mam yn aros amdanaf.
Estynnwyd d'einioes afiach di
fymryn bach gan dy ffisig ysbrydol.   [*Exit*

BRENIN   [*Yn codi*] Ehed fy ngeiriau fry, ond erys fy meddyliau.   105
Ni chaiff geiriau gweigion fynd i'r nef

Golygfa

Enter Y FRENHINES *a* POLONIWS

POLONIWS	Mae e ar ei ffordd yma. Cofiwch ei dweud hi'n hallt wrtho. Edliw fod ei gastiau wedi mynd ymhell dros ben llestri ac yn gwbl annioddefol, a'ch bod chi, eich Mawrhydi, wedi sefyll rhyngddo fe a llid o sawl cyfeiriad. Fe guddia i fy hunan o'r golwg, yn dawel. Cofiwch roi ffrae iawn iddo fe. 5
HAMLET	[*Oddi mewn*] Mam, mam, mam!
BRENHINES	Fe wna i. Peidiwch chi â phoeni. Ewch, ar unwaith. Mae'n dod.

[*Ymguddia* POLONIWS *y tu ôl i'r furlen*

Enter HAMLET

HAMLET	Nawr 'te, Mam. Beth sy'n bod?
BRENHINES	Hamlet, rwyt ti wedi tramgwyddo dy dad yn enbyd.
HAMLET	Rych chi, Mam, wedi tramgwyddo fy nhad yn enbyd. 10
BRENHINES	Ateb gwamal.
HAMLET	Ateb melltigedig.
BRENHINES	Sut gelli di, Hamlet ...?
HAMLET	Beth sy'n bod yn awr?
BRENHINES	Chofi di ddim pwy ydw i? 15
HAMLET	Gwnaf, ar f'enaid! Chi yw'r Frenhines, a gwraig brawd eich gŵr. Fy mam innau, gwaetha'r modd.
BRENHINES	O'r gore, fe gaf i rywun arall i siarad â thi.
HAMLET	Dewch. Eisteddwch. Fe arhoswch chi yma. Ewch chi ddim o'r fan nes bydda i wedi gosod drych o'ch blaen a chithau wedi 20 gweld i waelodion eich bod ynddo fe.
BRENHINES	Beth? Wyt ti am fy lladd i? Help! Help!
POLONIWS	[*Y tu ôl i'r furlen*] Beth sy? Help!

HAMLET	[*Gan dynnu ei gledd o'r wain*] Beth yw hyn?
	Llygoden ffyrnig, synnwn i daten. Fentra i bunt y lladda i hon! 25
	[Mae'*n trywanu'r furlen gyda'i gleddyf ac yn lladd* POLONIWS
POLONIWS	O, rwy'n marw!
BRENHINES	Gwae ni, beth wnest ti?
HAMLET	Wn i ddim. Y Brenin yw e?
BRENHINES	Gweithred fyrbwyll, waedlyd!
HAMLET	Ie. Gweithred waedlyd, Mam. Bron cynddrwg â lladd brenin a 30
	phriodi ei frawd.
BRENHINES	Lladd brenin!
HAMLET	Dyna ddwedais i, Arglwyddes.

[Gwêl POLONIWS

	Da bo ti'r ffŵl busneslyd, anystyriol, hurt!
	Feddyliais i dy fod ti'n rhywun pwysicach. 35
	Derbyn dy dynged.
	Cest weld taw busnes peryglus yw busnesu.
	Rhowch y gore i wasgu'ch dwylo
	ac eistedd, imi wasgu'ch calon,
	os taw un o gnawd yw hi. 40
BRENHINES	Beth wnes i, iti feiddio fy nhafodi mor ffiaidd?
HAMLET	Gweithred na all gras na daioni beri iddi wrido.
	Un sy'n galw rhinwedd yn rhagrith,
	yn codi rhosyn oddi ar dalcen cariad cu
	gan adael pothell yn ei le. 45
	Gweithred sy'n gwneud addunedau priodasol
	yn goeg fel llwon gamblwr.
BRENHINES	Rhagymadrodd pa stori hyll yw'r brygawthan?
HAMLET	Edrychwch ar y llun hwn, ac ar hwn.
	Dau frawd. 50
	Rhyfeddwch at urddas y naill, gwroldeb ei drem,
	ei osgo tywysogaidd,
	y fath gyfuniad o rinweddau,
	fel petai pob un o'r duwiau
	wedi cyfrannu rhyw ragoriaeth 55

er mwyn creu y dyn perffeithiaf fu erioed.
Hwn oedd eich gŵr.
Rhythwch yn awr ar y llall.
Planhigyn pwdwr yn difetha'i frawd holliach â'i lwydni marwol.
Ydych chi'n ddall?   60
Sut y gallech chi adael llethrau
glaswyrdd, heulog y mynydd
a phori ar rostir diffaith?
Ydych chi'n ddall?
Allwch chi ddim galw hyn yn gariad.   65
Erbyn eich oedran chi
oerodd bwrlwm y gwaed;
mae'n ddof,
yn disgwyl yn wylaidd i glywed barn y nef.
Sut fath o farn fyddai'n cymell   70
newid o hwn i hwn?
Gywilydd, ble mae dy wrid?
Uffern anystywallt, os medri
gynhyrfu esgyrn menyw ganol oed,
bydded rhinwedd fel gwêr   75
i ie'nctid poeth a thoddi yn ei fflamau'i hun.
Cyhoedder nad oes gywilydd yn y byd
pan fo blys yn annog
am fod barrug canol oed
yn llosgi ohono'i hun   80
a'r deall yn puteinio rheswm.

BRENHINES   O, Hamlet, paid â dweud rhagor.
Rwyt ti'n troi fy llygaid i mewn i f'enaid
i syllu ar haid o frychau pygddu
nas glanheir fyth.   85

HAMLET   Ond mae gorwedd fel hwren
mewn gwely chwyslyd, drewllyd,
prepian geiriau serch,
caru mewn twlc mochyn –

BRENHINES   Dyna ddigon.   90
Paid â dweud rhagor.
Mae d'eiriau fel cyllyll yn fy nghlustiau.

	Dim rhagor, Hamlet,	
	'nghariad i.	
HAMLET	Llofrudd a dihiryn.	95
	Lleidr y deyrnas a'i llywodraeth	
	yn cipio coron ddrudfawr oddi ar silff	
	a'i dodi yn ei boced –	
BRENHINES	Dim mwy.	
HAMLET	Ffwlcyn hurt o frenin –	100

Enter YR YSBRYD

	Angylion nef!	
	Gwyliwch a gwarchodwch fi â'ch esgyll sanctaidd –	
	Beth yw ewyllys eich Mawrhydi?	
	Ddaethoch chi i geryddu'ch mab esgeulus	
	am afradu'i nwyd a'i amser yn lle ufuddhau?	105
	Llefarwch!	
BRENHINES	Gwae fi! Mae'n wallgo.	
HAMLET	Sut rydych chi, Arglwyddes?	
BRENHINES	Sut rwyt ti, druan, yn rhythu ar wagle ac yn ymgom â'r aer?	
	Ar beth rwyt ti'n syllu?	110
HAMLET	Arno fe, arno fe!	
	Edrychwch arno'n gwgu arna i!	
	Paid! Paid!	
	Rhag i dy 'stumiau wanhau fy mhenderfyniad	
	a pheri imi golli dagrau	115
	yn lle arllwys gwaed.	
BRENHINES	Â phwy rwyt ti'n siarad?	
HAMLET	Welwch chi ddim, draw acw?	
BRENHINES	Dim yw dim. Er 'mod i'n gweld popeth.	
HAMLET	Edrychwch. Fan acw. Mae'n cilio. Fy nhad yn y dillad a wisgai	120
	pan oedd e'n fyw! Mae'n 'madael. Edrychwch arno'n mynd,	
	ma's drwy'r porth!	

[*Exit* YR YSBRYD

BRENHINES   Dy 'mennydd di dy hun fathodd y weledigaeth.
Hawdd gan wallgofrwydd lunio rhith.

HAMLET   Gwallgofrwydd?   125
Mae 'nghalon i cyn iached
a'i churiad mor rheolaidd
â'ch un chi.
Nid geiriau gorffwyll a lefarais.
Rhad Duw arnoch, Mam,   130
rhowch y gorau i wenieithu
i chi'ch hun trwy gogio mai
'ngwallgofrwydd i ac nid
eich camwedd chi sy'n rhuo.
Cyffeswch eich pechodau gerbron y nef.   135
Edifarhewch am yr hyn a fu
a gochel yr hyn a ddaw.
Peidiwch â thaenu tail
dros chwyn
a gwneud eu tyfiant yn fwy afiach.   140

BRENHINES   O, Hamlet, rwyt wedi hollti 'nghalon i yn ddwy.

HAMLET   Gwaredwch yr hanner drwg
a byw'n rhinweddol gyda'r hanner glân.
Sefwch draw o wely f'ewyrth.
Ymataliwch heno.   145
Gwnaiff hynny'r ymataliad nesa'n haws,
a'r nesa'n haws fyth.
Unwaith eto, nos da.
Ofynna i ddim am eich bendith
nes i chi edifarhau   150
ac erfyn ar i'r nefoedd
eich bendithio.
Mae'n ddrwg gen i am beth wnes i i'r gŵr bonheddig hwn.
Y nef ewyllysiodd hyn i 'nghosbi i, ac i mi ei gosbi ef.
Nos da unwaith eto.   155
Cariad sy'n cymell creulondeb eich mab.
Dim ond dechrau gofidiau yw hyn.
Un gair arall, Arglwyddes.

BRENHINES	Beth wna i?	
HAMLET	Peidiwch, beth bynnag wnewch chi,	160
	â gwneud yr hyn wnes i ei gymell.	
	Gadewch i'r Brenin bras eich hudo i'w wely,	
	cosi'ch gruddiau a'ch swmpo.	
	Dadlennwch wrtho,	
	yn dâl am gusanau brwnt,	165
	ac ôl ei ddwylo aflan ar eich bron,	
	nad ydw i ddim yn wallgo,	
	taw coegio rwyf i,	
	a hynny'n gelfydd iawn.	
	Cofiwch ddweud y cyfan wrtho.	170
BRENHINES	Sonia i'r un gair, ar boen fy mywyd.	
HAMLET	Wyddoch chi 'mod i'n cael f'alltudio i Loegr?	
BRENHINES	Gwn, ond fe anghofiais. Mae popeth wedi'i drefnu.	
HAMLET	Rhoddwyd llythyrau dan sêl i ddau hen ffrind o ddyddiau'r ysgol, bechgyn y galla i ymddiried ynddyn nhw fel seirff gwenwynig. Eu swydd fydd hwyluso 'nhaith a'm harwain i brofedigaeth. Boed felly. Fe gaf i hwyl wrth osod ffrwydryn dan y ffrwydrwyr. Turio llathen yn is na'u dyfais nhw a chwythu'r ddau i'r lloer ac ebargofiant.	175
	Fe lusga i'r corpws drws nesa. Nos da, Mam. Braidd yn ddi-ddweud yw'r gweinidog hybarch hwn oedd gynnau'n glepgi heb ei ail. Dewch, syr, does gen i ddim byd rhagor i'w ddweud wrthych chi.	180

[Exeunt HAMLET, *dan lusgo* POLONIWS, *a'r* FRENHINES

Act 4

Golygfa **1**

[*Enter* Y BRENIN *a'r* FRENHINES *gyda* ROSENCRANTS *a* GILDENSTERN

BRENIN — Pa drychineb ysgogodd yr ochneidiau hyn? Ble mae dy fab?

BRENHINES — Gadewch ni am ychydig.
[*Exeunt* ROSENCRANTS *a* GILDENSTERN
O f'arglwydd, fe welais bethau erchyll!

BRENIN — Beth yn union, Gertrwd? Sut oedd Hamlet?

BRENHINES — Mor wallgo â gwynt ar gefnfor. Clywodd sŵn y tu ôl i'r 5
gefnlen, ac yn ei gynddaredd, â'i 'mennydd ar chwâl, cipio'i
gledd o'r wain dan floeddio 'Llygoden ffyrnig!' a lladd yr hen
ŵr yn ei guddfan.

BRENIN — Gweithred ddychrynllyd. Fy 'nhynged i, petaswn i yno. Mae
ei benrhyddid yn fygwth inni oll. Ti, fi, pawb. Sut medrwn ni 10
esbonio gweithred mor dreisgar a disynnwyr? Caf i fy meio
am beidio â rhag-weld hyn, a chadw'r gŵr ifanc gwallgo' yn
rhywle diogel. Ble'r aeth e wedyn?

BRENHINES — I guddio'r corff. Mae'n wylo'n hidl am beth wnaeth e.

BRENIN — Dere, Gertrwd, dere. Gyda'r wawr, fe'i dodwn ar fwrdd llong a'i 15
anfon o'r wlad. Bydd angen holl rym, awdurdod a deheurwydd
brenhiniaeth i esbonio ac i esgusodi'r weithred anfaddeuol hon.
Gildenstern. Dewch yn ôl.

Enter ROSENCRANTS *a* GILDENSTERN

Foneddigion. Mae Hamlet, yn ei wallgofrwydd, wedi lladd
Poloniws, a llusgo'r corff o siambr ei fam. Ewch gyda gwŷr 20
eraill i chwilio amdano. Cyfarchwch e'n gwrtais. A chludo'r
corff i'r Capel. Ar unwaith, os gwelwch chi'n dda.
[*Exeunt* ROSENCRANTS *a* GILDENSTERN
Dere, Gertrwd, fe gynulliwn ni'n cynghorwyr doethaf yn awr,
i'w hysbysu o'r hyn ddigwyddodd a'r hyn y bwriadwn ei wneud;
gan obeithio y bydd i saethau athrod hedfan heibio, heb ein 25
clwyfo ni. Dere. Mae 'nghalon i'n llawn gofid.   [*Exeunt*

Golygfa 2

Enter HAMLET

HAMLET	Dyna fe, o'r golwg yn ddigon saff.
BONHEDDWYR	[*Oddi mewn*] Hamlet! Yr Arglwydd Hamlet!
HAMLET	Ust. Pwy sy'n gweiddi? Pwy sy'n galw am Hamlet? O, dyma nhw'n dod.

Enter ROSENCRANTS, GILDENSTERN *a* GWEISION LLYS

ROSENCRANTS	Beth wnaethoch chi â'r corff, f'arglwydd?	5
HAMLET	Ei gymysgu â llwch. Tebyg at ei debyg.	
ROSENCRANTS	Dywedwch ble mae e, inni fynd ag e i'r Capel.	
HAMLET	Peidiwch chi â choelio'r fath beth.	
ROSENCRANTS	Coelio beth?	
HAMLET	Y galla i gadw'ch cyfrinach chi, ond nid f'un i fy hun. Ac nid yn unig hynny – sut dylai mab i frenin ateb, o gael ei holi gan sbwng?	10
ROSENCRANTS	Ydych chi'n fy ngalw i'n sbwng, f'arglwydd?	
HAMLET	Peth sy'n amsugno ffafrau, gwobrau ac awdurdod. Swyddogion felly sy'n gwasanaethu'r Brenin orau, bob gafael. Mae'n eu cadw, fel epa â darn o afal yng nghornel ei geg, i'w gnoi a'i lyncu, maes o law. Pan fydd arno angen yr wybodaeth a gais, fe wasgith di, Sbwng, a byddi dithau'n hysb unwaith eto.	15
ROSENCRANTS	Alla i mo'ch deall chi, f'arglwydd.	
HAMLET	Da iawn. Gair coeg a gwsg yng nghlust ffŵl.	20
ROSENCRANTS	F'arglwydd, mae'n rhaid ichi ddweud wrthym ni ble mae'r corff, a mynd gyda ni at y Brenin.	
HAMLET	Mae'r corff gyda'r Brenin a fu, ond nid gan y Brenin sy. Mae'r Brenin yn beth –	
GILDERSTERN	Yn 'beth', f'arglwydd?	25
HAMLET	Dim. Ewch â fi ato. Cuddia, cuddia gadno, mae'r helwyr ar dy ôl. [*Exeunt*

Golygfa  3

Enter Y BRENIN *a dau neu dri o* WASANAETHYDDION

BRENIN
Mae hwn a'i draed yn rhydd yn ddyn peryglus. Ond nid oes wiw inni ei restio a'i garcharu oherwydd ei fod mor annwyl gan y werin, sy'n dethol dynion gyda'r llygaid, nid y meddwl. Dylai'r penderfyniad i'w alltudio ymddangos fel polisi pwyllog ac ystyriol. Nid heb ffisig cryf yr iacheir salwch tost.   5

Enter ROSENCRANTS, GILDENSTSERN *a'r gweddill oll*

Wel? Beth ddigwyddodd?

ROSENCRANTS
Mae'n gwrthod rhoi gwybod inni, f'arglwydd, ymhle y cuddiodd e'r corff.

BRENIN
Ond ble mae e?

ROSENCRANTS
Y tu fa's, f'arglwydd, yn cael ei warchod, hyd y mynno eich Mawrhydi.   10

BRENIN
O'r gore. Dewch â'r arglwydd ger ein bron.

Enter GWASANAETHYDDION *a* HAMLET

Nawr 'te, Hamlet, ble mae Poloniws?

HAMLET
Yn swpera.

BRENIN
Yn swpera? Ymhle?   15

HAMLET
Nid yn bwyta'i swper. Yn cael ei fwyta. Mae cynulliad o gynrhon doeth newydd ddechrau gwledda arno. Rŷm ni'n pesgi pob creadur byw i'n pesgi ni, ac yn pesgi'n hunain i besgi cynrhon. Gall dyn bysgota gyda mwydyn wnaeth fwyta brenin, a bwyta'r pysgodyn a lyncodd y mwydyn.   20

BRENIN
Beth yw ystyr hynny?

HAMLET
Dim ond dangos sut y gall brenin orymdeithio drwy berfedd cardotyn.

BRENIN
Ble mae Poloniws?

HAMLET	Yn y nef. Anfonwch rywun lan i chwilio amdano fe. Ond os na 25 ddaw'ch negesydd o hyd iddo fe yno, ewch i'r lle arall eich hunan. Os na ffeindiwch chi e o fewn y mis, fe wnaiff eich ffroenau eich hysbysu wrth ichi ddringo'r grisiau o'r cyntedd.
BRENIN	[*Wrth y* GWASANAETHYDDION] Ewch i chwilio amdano yno.
HAMLET	Fe arhosith e amdanoch chi. [*Exeunt* GWASANAETHYDDION 30
BRENIN	Hamlet, oherwydd y weithred hon, ac er dy ddiogelwch, mae'n rhaid iti 'madael ar fyrder. Gwna dy hun yn barod. Mae'r llong a'i gêr yn disgwyl, dy gymdeithion ar ei bwrdd, a'r gwynt yn ffafriol i hwylio â chi i Loegr.
HAMLET	Lloegr? 35
BRENIN	Ie, Hamlet.
HAMLET	Da iawn.
BRENIN	Ydy, pe deallet ein hamcanion.
HAMLET	Gwelaf angel hollwybodus yn eu gwylio oddi fry. Ond bant â ni i Loegr. Yn iach ichi, fam annwyl. 40
BRENIN	A'th dad cariadus, Hamlet.
HAMLET	Fy mam. Mae tad a mam yn ŵr a gwraig, a gŵr a gwraig yn un cnawd. Ac felly – da bo chi, Mam. Dewch. Bant â ni i Loegr. [*Exit*
BRENIN	Ewch ar ei ôl a pheri iddo fyrddio'r llong ar unwaith. Ar unwaith. Rhaid iddo 'madael heno. 45 [*Exeunt oll ond* Y BRENIN Tithau, Frenin Lloegr, os yw 'nghyfeillgarwch o bwys iti – ac fe ddylai fod gan fod arnat ofn fy ngrym a 'ngallu mawr a chan fod clwyfau dy deyrnas yn sgîl rhaib ac anrhaith cleddyfau Denmarc 50 yn dal yn goch ac amrwd, rwy'n meddwl y gwnei di ufuddhau yn llawen iawn i'n gorchymyn ymerodrol, sef i ddienyddio Hamlet.

Gwna di hynny, fy nghyd-frenin,   55
gan fod hwn yn berwi
fel twymyn yn fy ngwaed.
Ti'n unig all fy iacháu.
Hyd nes y clywaf iti ei ddifodi,
waeth beth a ddigwydd, anniddig fyddaf i.   60

[*Exit*

Golygfa  4

Enter FFORTINBRAS *gyda'i fyddin a chroesi'r llwyfan*

FFORTINBRAS   Dos, gapten, a chyfarch Brenin Denmarc ar fy rhan. Dywed
wrtho fod Ffortinbras yn deisyfu'r hawl i groesi ei deyrnas
gyda'i luoedd, yn unol â'r Cytundeb. Os dymuna ei Fawrhydi
drafod unrhyw fater gyda ni, mynega ein parodrwydd i gwrdd
ag ef, wyneb yn wyneb.   5

CAPTEN   Gwnaf hynny, f'arglwydd.

FFORTINBRAS   [*Wrth y milwyr*]   Ewch chithau rhagoch, wrth eich pwysau.

[*Exeunt oll ond* Y CAPTEN

Enter HAMLET, ROSENCRANTS, GILDENSTERN
a GWASANAETHYDDION

HAMLET   Dwedwch wrtho i, syr, lluoedd pwy yw'r rhain?

CAPTEN   Milwyr Norwy, syr.

HAMLET   Allwch chi ddweud wrtho i ar ba berwyl?   10

CAPTEN   Ymosod ar ororau Gwlad Pwyl, syr.

HAMLET   Pwy sy'n eu harwain?

CAPTEN   Ffortinbras, nai Brenin Norwy.

HAMLET   Ydyn nhw'n gobeithio goresgyn y wlad i gyd, ynteu dim ond
rhywle ar y ffin?   15

CAPTEN	A dweud y gwir, syr, a heb unrhyw ormodiaith, rŷm ni'n cyrchu parth â darn bychan, bach o dir na ddaw â'r un gronyn o olud i neb ond y sawl all hawlio iddo'i oresgyn. Thalwn i ddim pumpunt o rent am y clwt. Lle diffaith, di-fudd i Norwyaid a Phwyliaid. 20
HAMLET	Wnaiff y Pwyliaid fawr o ymdrech i'w amddiffyn e, felly?
CAPTEN	Mae eu byddin yno eisoes.
HAMLET	Ni fuasai dwy fil o filwyr ac ugain mil o bunnau'n ddigon i setlo'r gweryl bitw hon. Mae'n arwydd o gymdeithas bwdr, afiach, fel pothell yn torri yn ymysgaroedd y claf, gan ladd 25 heb unrhw arwydd allanol. Diolch yn fawr, syr.
CAPTEN	Da bo chi, syr. *[Exit*
ROSENCRANTS	Dewch, syr, os gwelwch chi'n dda.
HAMLET	Fe ddof i'n awr. Ewch yn eich blaenau.

[Exeunt oll ond HAMLET

Onid yw pob hap a siawns 30
yn tystio'n f'erbyn
ac yn fy symbylu i ddial?
Beth yw dyn nad yw'n gwneud
dim â'i ddyddiau ar y ddaear
ond bwyta a chysgu? 35
Anifail.
Nid bwriad y Duwdod,
a roes inni ddeall a rheswm
ynghyd â'r gallu i edrych yn ôl
ac i rag-weld y dyfodol, 40
oedd inni adael i'r doniau hynny
lwydo a rhydu.
Ai anghofusrwydd anifeilaidd,
ai cydwybod cachgi,
ai ofni'r canlyniadau a'm gwnaeth 45
i'n ddiymadferth?
Esgus truenus y mae ei chwarter yn bwyll
a'i dri chwarter yn llwfrdra.

Pam rwyf i'n bodloni ar ddatgan
'Rhaid gweithredu!',   50
gan fod gen i achos, ewyllys, nerth a modd
i gyflawni'r weithred?
Mae enghreifftiau cyn drymed
â'r ddaear fawr ei hun yn f'annog.
Megis y fyddin luosog, ddrudfawr hon   55
yn mentro cymaint –
bywydau, cyfoeth, ffyniant teyrnasoedd –
i herio Angau ei hun am blisgyn wy.
Nid parodrwydd i ymladd dros achos dibwys
sy'n arwydd o fawredd,   60
ond amharodrwydd, yn hytrach,
i dderbyn y sarhad lleiaf ar ein hanrhydedd.
Beth amdanaf i, felly,
y lladdwyd ei dad ac y puteiniwyd ei fam?
Dyna ddigon i gyffroi teimladau dyn   65
a'i reswm ond rwyf i'n hollol segur,
tra'n gwylio, er fy nghywilydd,
ugain mil o ddynion, drwy hap a damwain
a chais am glod, yn gorymdeithio
tua'u beddau   70
fel petai'r rheini'n wel'au;
yn mynd i ymgiprys
am lain o dir sy'n rhy gyfyng
i'r ddwy fyddin ymladd arno
a bod yn fedd i'r lladdedigion.   75
Melltith ar bob meddwl yn fy mhen o hyn ymlaen,
heblaw rhai gwaedlyd.   [*Exit*

Golygfa 5

Enter Y FRENHINES *a* HORASIO

BRENHINES   Siarada i ddim â hi.

HORASIO   Mae hi'n daer. Ac yn drysu. All dyn ddim peidio
â thosturio wrthi.

BRENHINES   Beth mae hi'n geisio?

HORASIO   Mae hi'n sôn llawer am ei thad. Yn dweud iddi glywed fod y   5
byd yn llawn castiau ysgeler. Yn mwydro. Curo'i mynwes,
cicio pethau anweledig yn chwyrn. Dweud pethau amwys,
lled synhwyrol. Gallai hau syniadau peryglus mewn meddyliau
di-foes. Dylai rhywun siarad â hi.

BRENHINES   Gadewch iddi ddod i mewn.   10

Enter OFFELIA

OFFELIA   Ble mae unbennes brydferth Denmarc?

BRENHINES   Sut rwyt ti, Offelia?

OFFELIA   [*Yn canu*] Sut i wahaniaethu
Rhwng llanc sy'n dweud y gwir
Ac un sydd yn gelwyddog?   15
Mae'n gwestiwn dyrys, wir.

BRENHINES   'Ngeneth annwyl i, beth yw ystyr dy gân?

OFFELIA   Beth ddwedoch chi? Gwrandewch chi'n awr.
Rwy'n erfyn arnoch.

Mae wedi marw, eneth dlos,   20
Mae'n gorwedd yn ei fedd
A thyweirch glas a meini llwyd
Yn diogelu'i hedd.

Ho-ho!

BRENHINES   Ond Offelia fach ...   25

OFFELIA	Gwrandewch chi'n awr.
	[*Yn canu*]
	Ei amdo oedd fel eira gwyn.

Enter Y BRENIN

| BRENHINES | Edrychwch arni, f'arglwydd! Edrychwch! |

OFFELIA	[*Yn canu*]
	A blodau trosto'i gyd
	Ond ni fu wylo ar ei ôl 30
	Pan 'madawodd ef â'r byd.

| BRENIN | Sut rydych chi, fonesig deg? |

OFFELIA	Rhad Duw arnoch. Maen nhw'n dweud taw merch i bobydd
	oedd y dylluan. Y nefoedd! Rŷm ni'n gwybod beth ŷm ni ond
	nid beth a fyddwn. Boed i Dduw arlwyo bord ger eich bron 35
	chithau!

| BRENIN | Hel meddyliau am ei thad – |

| OFFELIA | Dim gair rhagor am hyn, ond os gofynnan nhw ichi beth |
| | mae'n olygu, dywedwch: |

	Dydd Ffolant yw yfory 40
	Sant y Cariadon yw,
	Minnau ddof at dy ffenest di,
	Fy nghariad os caf fyw.

	Cododd ef, ymwisgo wnaeth,
	Agorodd ddrws ei dŷ. 45
	I mewn aeth morwyn a ddaeth ma's
	A baban yn ei bru.

| BRENIN | Offelia dlos! |

| OFFELIA | Ie, wir, af i ddim ar fy llw ond fe ddof â'r gân i ben. |

	Myn Iesu a myn Mair ei fam 50
	Mor gywilyddus yw,
	Fod dynion ifainc ym mhob man
	Yn gwaradwyddo'n rhyw.

Medd hi, 'Cyn iti 'nhwyllo i
Addewaist fy mhriodi.'   55
Mae yntau'n ateb:
'Buaswn wedi cadw 'ngair
Petaet ti'n dal yn ddiwair'.

BRENIN   Er pa bryd y bu hi fel hyn?

OFFELIA   Rwy'n gobeithio y bydd popeth yn iawn yn y diwedd. Rhaid   60
inni fod yn amyneddgar. Alla i ddim peidio â llefain wrth
feddwl amdanyn nhw'n ei roi i orwedd yn y ddaear oer. Caiff
fy mrawd glywed am hyn. A diolch yn fawr ichi, felly, am eich
cyngor doeth. Fy ngherbyd i, ar unwaith, os gwelwch chi'n
dda. Nos da, arglwyddesau mwyn, nos da. Nos da, nos da,   65
arglwyddesau.   [*Exit*

BRENIN   Dilynwch hi, a gwyliwch hi'n ofalus iawn.   [*Exit* HORASIO

Gwenwyn yn tarddu o drallod dwfn yw hwn. Marwolaeth ei
thad yw'r ffynhonnell. A hyn, nawr! O Gertrwd, Gertrwd. Yn
lleng y daw gofidiau, nid fesul un. Llofruddiaeth ei thad, yn   70
gyntaf. Wedyn, alltudiaeth dy fab di. Y werin yn sarrug ac
anystywallt oherwydd marwolaeth yr hen ŵr caredig hwnnw,
Poloniws. Ddylid ddim fod wedi ei gladdu ar frys ac yn
ddi-ddefosiwn. Offelia druan wedi colli'i phwyll. Ac ar ben hyn
i gyd, yn waeth na'r cwbl, ei brawd, Laertes, wedi dychwelyd   75
yn ddigennad o Ffrainc. Does dim prinder clepgwn i lenwi ei
glustiau ag ensyniadau maleisus am farwolaeth ei dad.

                                   [*Clywir sŵn oddi mewn*

BRENHINES   Y Nef a'n gwaredo! Beth yw'r sŵn yna?

BRENIN   Filwyr! Ble mae 'ngwarchodlu? Diogelwch y drws.

Enter NEGESYDD

Beth sy'n digwydd?   80

NEGESYDD   Ffowch, f'arglwydd. Mae Laertes gyda haid o wehilion wedi
trechu'ch swyddogion. Mae'r dorf wedi gwirioni arno ac yn
bloeddio 'Laertes! Fe yw'n Brenin ni! Fe yw'n dewis ni!
Y Goron i Laertes!'

                                           [*Sŵn oddi mewn*

BRENHINES	Mor rhwydd yw arwain ciwed ar gyfeiliorn. Rych chi ar y trywydd anghywir, sothach Denmarc!	85

Enter LAERTES *a'i* DDILYNWYR

LAERTES	Ble mae'r tipyn Brenin yma? Arhoswch chi tu fa's, gyfeillion, a gwarchod y drws.	

                                        [*Exeunt* Y DILYNWYR

Rho fy nhad yn ôl i mi, Frenin gwaradwydd!

BRENHINES	Pwyllwch, da chi, Laertes	90
LAERTES	Os oes dafn o waed pwyllog yn fy ngwythiennau, mae hwnnw'n fy ngalw i'n fastard a 'Nhad yn gwcwallt.	
BRENIN	Pam rwyt ti, Laertes, yn gwrthryfela mor aruthrol o ffyrnig? Gollwng ef, Gertrwd. Paid â phryderu amdanaf i. Mae nawdd yr Iôr yn diogelu brenin ac yn brawychu brad. Dywed wrtho i pam rwyt ti mor gynddeiriog, Laertes. Gollwng ef, Gertrwd. Llefara, ŵr ifanc.	95
LAERTES	Ble mae 'Nhad?	
BRENIN	Fe fu farw.	
BRENHINES	Doedd â wnelo ef ddim –	100
BRENIN	Gad iddo holi.	
LAERTES	Sut bu e farw? Chymera i mo 'ngwatwar. Fe fynna i ddial llawn.	
BRENIN	Pwy sy'n d'atal di?	
LAERTES	All neb wneud hynny ond f'ewyllys i fy hun.	
BRENIN	Laertes, fy nghyfaill, os cei di wybod y gwir am farwolaeth dy dad, wnei di ddial ar bawb yn ddiwahân? Dy ffrindiau a d'elynion?	105
LAERTES	Dim ond fy ngelynion.	
BRENIN	Geiriau mab cariadus a gŵr bonheddig o'r iawn ryw. Bydd fy niniweidrwydd i mewn perthynas â marwolaeth annhymig dy dad, a'r galar a deimlaf o'i phlegid, mor amlwg i'th lygaid ag yw'r haul uwchben.	110

                                        [*Sŵn oddi mewn*

LLEISIAU	Gadewch iddi fynd i mewn.	

LAERTES	Beth oedd hyn 'na? Beth yw'r twrw?

Enter OFFELIA

Fy llid – crasa f'ymennydd! O rosyn Mai, eneth landeg,   115
chwaer anwylaf, Offelia fach! Dduw Hollalluog! A yw merch
ifanc mor feidrol ag einioes henwr?

OFFELIA   Ar elor du yr aed ag ef,
Ffa-la, Ffa-la-la, Ffa-la!
A'r dagrau lifai dros ei fedd.   120
Ffa-la, Ffa-la-la-la, Ffa-la!

Yn iach iti, 'ngholomen i.

LAERTES   Petaet yn dy iawn bwyll ac yn f'annog i ddial, allet ti ddim
gwneud hynny'n daerach.

OFFELIA   Rhaid i chi ganu 'I lawr, i lawr, i lawr ag e!' O, mae'r olwyn   125
yn troelli ac yn troi. Dyna hanes y gwas drwg ladratodd ferch
ei feistr.

LAERTES   Mae synnwyr yn ei geiriau disynnwyr.

OFFELIA   Dyma dusw o rosmari, er cof amdana i. Cofia fi, 'nghariad i,
cofia fi. Pansi, hefyd, iti feddwl amdana i.   130

LAERTES   Mae hi fel traethawd ar wallgofrwydd; hiraeth ac atgo'n gymysg.

OFFELIA   A dyma ffenigl a blodau'r sipsi. Danadl poethion i ti ac i mi.
Mae rhai'n ei alw'n Gras y Saboth ond yn ei wisgo'n wahanol.
Dyma lygad y dydd. Fe roddwn ichi fioledau ond gwywodd y
cwbl pan fu farw 'Nhad. Bu'r diwedd yn dawel.   135
[*Yn canu*] Huwcyn o'r Hafod yw 'nghariad i'n awr.

LAERTES   Mae hi'n gweddnewid salwch, pruddglwyf, uffern ddofn ei hun
yn bethau tlws.

OFFELIA   [*Yn canu*] Oni ddaw ef yn ôl?
Oni ddaw ef yn ôl?   140
O na, fe wnaeth Angau
Â'i greulon grafangau
Sicrhau na ddaw dy gariad
Di fyth yn ôl.

	Ei farf fel eira gwyn	145
	A'i wallt fel gwlân,	
	Fe aeth, fe aeth	
	Er gwell, er gwaeth.	
	Bendith Duw ar ei	
	Enaid glân.	150

	Ac ar enaid pob Cristion ohonoch. Duw â'ch cadwo, bob un.
	Da boch. [*Exit*

LAERTES   Weloch chi hyn 'na? Dduw mawr!

BRENIN   Laertes, oni chaf i rannu d'alar, rwyt ti'n gwneud cam â fi.
Cer di yn awr, a dewis reithgor o blith dy ffrindiau. Os gwnân 155
nhw ddyfarnu fy mod i'n gyfrifol, yn uniongyrchol neu'n
anuniongyrchol, am ddiwedd trist dy dad, ildiaf fy nheyrnas,
fy nghoron, fy mywyd a phopeth o'm heiddo. Ond os cânt fi'n
ddieuog, gofynnaf iti ymddiried ynof, a bod yn amyneddgar.
Rwy'n addo gwneud popeth yn fy ngallu i foddhau dyhead   160
dyfnaf d'enaid.

LAERTES   O'r gore. Mae'r nef ei hun, a minnau hefyd, yn mynnu'r gwir
am ei farwolaeth a'i gladdedigaeth ddi-raen.

BRENIN   Fe gei di'r gwir, a gweld bwyell fawr Cyfiawnder yn cwympo
ar y camwedd. Tyrd, os gweli di'n dda, gyda mi.   165

Golygfa 6

Enter HORASIO

Enter MORWYR

MORWR   Duw a'ch bendithio, syr.

HORASIO   Ei fendith arnat tithau.

MORWR   Rwy'n siŵr y gwnaiff e, syr, os bydd e'n teimlo fel 'ny.
Dyma lythyr ichi, syr, gan y llysgennad anfonwyd i Loegr –
os taw Horasio yw'ch enw chi, a dyna ddwedwyd wrtho i.   5

HORASIO

[*Yn darllen y llythyr*] *Horasio, wedi iti ddarllen hwn, rho fodd i'r bechgyn hyn fynd at y Brenin. Mae ganddynt lythyrau iddo.*

Prin ddeuddydd wedi inni adael tir, cawsom ein hymlid gan fôr-ladron mewn llong ryfelgar yr olwg. Gan fod ein llestr ni tipyn arafach, fe'n gorfodwyd, yn groes i'n hewyllys, i'w herio, 10
a phan fachwyd y ddwy long yn ei gilydd, neidiais i ar fwrdd y gelyn. Dyna pryd y gwahanwyd y ddwy eto a 'ngwneud i'n garcharor.

Bu'r lladron hyn yn garedig dros ben wrthyf, am resymau digon amlwg. Disgwylir imi dalu am y gymwynas. Anfon y 15
llythyrau amgaeëdig at y Brenin, a tyrd di ataf i mor glau â phetai Angau ar dy war. Cei glywed pethau syfrdanol.
Fe wnaiff y rhain dy hebrwng di ataf.

Mae Rosencrants a Gildenstern yn dal i hwylio tua Lloegr.
Mae gen i lawer i'w ddweud wrthyt ti am y ddau hynny. 20

> *Dy gyfaill ffyddlon*

HAMLET

Dewch. Fe ddangosa i ichi ar unwaith ble i fynd â'r llythyrau, fel y gallwch chi fy nhywys at y gŵr a'u hanfonodd. [*Exeunt*

Golygfa 7 ──────

Enter Y BRENIN *a* LAERTES

BRENIN

Mae'n rhaid iti fy nerbyn fel cyfaill cywir, ar ôl clywed taw bwriad y sawl a lofruddiodd dy dad oedd fy lladd i.

LAERTES

Pam, felly, na fyddech chi wedi ei erlyn, a chosbi trosedd mor gythreulig?

BRENIN

Am ddau reswm, yn bennaf. Fe yw cannwyll llygad ei fam, ac 5
allwn i ddim byw hebddi, gan fod fy mywyd a'm henaid i'n llwyr ddibynnol ar ei chariad. Y rheswm arall na allwn ddelio â'r mater yn gyhoeddus yw serch y werin bobl ato fe.

LAERTES	Dyma fi, felly, wedi colli'r gorau o'r tadau, a'm chwaer wedi colli ei phwyll. Ond daw dial.

10

BRENIN   Paid ti â cholli cwsg ynglŷn â hynny, na meddwl am eiliad 'mod i'n ewach llwfr, sy'n cymryd ei sarhau heb daro'n ôl. Cei glywed rhagor ar y pen hwnnw cyn bo hir.

Enter NEGESYDD *gyda llythyrau*

Dere. Pa newydd?

NEGESYDD   Llythyrau, f'arglwydd, oddi wrth Hamlet. Y rhain at eich Mawrhydi a hwn at y Frenhines.   15

BRENIN   Oddi wrth Hamlet. Pwy ddaeth â nhw?

NEGESYDD   Morwyr, o ryw fath, f'arglwydd.

BRENIN   Cei dithau glywed hyn, Laertes.
Cer di.   20

[*Exit* NEGESYDD   [Y BRENIN *yn darllen*]

Henffych, Deyrn mawreddog, hyn sydd i'ch hysbysu fy mod wedi glanio'n ddiymgeledd ar un o draethau eich teyrnas. Deisyfaf yfory'r fraint o weled eich llygaid brenhinol. Bryd hynny, caf erfyn eich maddeuant am yr uchod ac adrodd wrthych hanes fy nychweliad hynod a disymwth.   25

HAMLET

Beth yw ystyr y fath druth? Ddychwelodd y lleill i gyd hefyd? Ai celwydd a chynllwyn yw'r cyfan?

LAERTES   Ydych chi'n adnabod yr ysgrifen?

BRENIN   Llaw Hamlet, heb os nac oni bai. 'Diymgeledd'. Ac mae'n   30 ychwanegu mewn ôl-nodyn. 'Rwyf ar fy mhen fy hun'. Elli di esbonio hyn imi?

LAERTES   Does gen i'r un amcan, f'arglwydd. Ond dychweled y gŵr. Rwy'n teimlo'n well yn barod o feddwl y caf ddweud wrtho i'w wyneb, yn y man: 'Dyna wnest ti!'   35

BRENIN   Os taw felly y mae hi, Laertes. Ond sut y gall hi fod? Mae'n rhaid, serch hynny ...

Wnei di dderbyn cyngor a chyfarwyddyd gen i?

LAERTES   Gwnaf, f'arglwydd, oni bai eich bod yn fy nghymell i gymodi.

BRENIN	Dim ond i gymodi â'th gydwybod. Os dychwelodd, rwy'n addo 40 ei wthio i ryw gyfwng o'm dyfais i fydd yn angheuol iddo. Mewn modd fydd yn peri i'w farwolaeth ymddangos yn ddamweiniol, heb fod bai ar neb.
LAERTES	Derbyniaf eich arweiniad, f'arglwydd, gan ymbil am y fraint o gael bod yn arf dialedd. 45
BRENIN	Ie. I'r dim. Er pan adewaist ti'r Llys, bu llawer o sôn a siarad yma, a hynny yng nghlyw Hamlet, am dy ddawn ddihafal mewn un maes arbennig.
LAERTES	Pa faes yw hwnnw, f'arglwydd?
BRENIN	Ddeufis yn ôl, galwodd gŵr bonheddig o Normandi yma. 50
LAERTES	Norman, ddwedoch chi?
BRENIN	Ie.
LAERTES	Lamord, tawn i byth o'r fan!
BRENIN	Y bonheddwr hwnnw.
LAERTES	Rwy'n ei adnabod e'n dda. Addurn ac eilun ei hil. 55
BRENIN	Wrth sôn amdanat ti, canmolodd i'r entrychion d'allu fel cleddyfwr. Gan ychwanegu y byddai gornest rhyngot ti a gwrthwynebydd teilwng yn werth ei gweld. Wel, gyfaill, enynnodd hynny'r fath genfigen yn Hamlet nes iddo ddyheu ar goedd, sawl gwaith, iti ddychwelyd, er mwyn iddo allu 60 dy herio.
LAERTES	Pa ddefnydd wnewch chi o hynny, f'arglwydd?
BRENIN	Dywed wrtho i, Laertes, oedd dy ddiweddar dad yn annwyl i ti? Ynte, ai portread o alar wyt ti? Wyneb trist heb galon?
LAERTES	Sut y gallwch chi ofyn y fath gwestiwn? 65
BRENIN	Wnes i erioed amau nad oeddet ti'n caru dy dad, ond gwn, serch hynny, bod modd i amser ac amgylchiadau bylu cariad. I fynd yn ôl at wraidd y drwg. Dychwelodd Hamlet. Beth wnelet ti, mewn gweithred yn hytrach na gair, i brofi dy fod yn fab teilwng o'i dad? 70
LAERTES	Torri gwddw'i lofrudd mewn eglwys.

BRENIN	Ni ddylai unman fod yn seintwar i lofrudd ac ni ddylid gosod terfynau ar alanas. Wnei di gyd-fynd, Laertes, â'r hyn rwyf am ei awgrymu'n awr? Rhoi gwybod i Hamlet dy fod dithau gartref a pheri i rywrai frolio dy ragoriaethau, gan fynd y tu hwnt, hyd yn oed, i folawd y Ffrancwr. Wedyn, fe drefna i ornest rhyngoch chi, a rhoi arian arni. Gan ei fod e mor ddiofal a di-feddwl-drwg, wnaiff e ddim rhoi llawer o sylw i'r cleddyfau ac fe fydd yn hawdd iti gafflo, a dewis arf heb fotwm ar ei flaen. Yna, wrth ichi ymarfer, trywana fe, a thalu'r pwyth dros dy dad.

75

80

LAERTES	Fe wna i hynny. Fe wna i hefyd eneinio llafn fy nghledd ag eli a brynais i gan grach-feddyg. Mae hwn mor wenwynig fel bod crafiad yn angheuol. Bydd hynny'n ddigon i'w ddifa yn sydyn iawn.

85

BRENIN	Gawn ni fanylu rywfaint? Meddwl pryd a sut fyddai orau inni weithredu. Dyfeisio ystryw wrth gefn, os â'r cynllun o chwith. Gad imi feddwl. Hmm. Ie. Dyna fe. Clyw. Os llwyddith e i osgoi'r angau fydd ar flaen dy gledd, wedi i wres yr ymryson godi syched arnoch chi – ac er mwyn sicrhau hynny, bydd di'n ymosodol – fe gynigia i ddiod wedi ei gwenwyno iddo fe. Ac fe ddown ni i ben â hi felly ... Sa'! Beth yw'r cythrwfl yna?

90

Enter Y FRENHINES

Croeso, gymar annwyl.

BRENHINES	Gwae ar ôl gwae, y naill yn sathru sodlau'r llall. Mae dy chwaer wedi boddi, Laertes.

95

LAERTES	Wedi boddi? Sut? Ymhle?

BRENHINES	Ar fin y nant, tyf helygen wyrgam a'i deiliach llwydwyrdd yn syllu ar eu hunain yn nrych y dŵr. Roedd hi'n addurno cangau honno â thorchau rhyfedd o flodau menyn, danadl poethion a'r tegeirian porffor, planhigyn gaiff enw anllad gan werinwyr ffraeth, ond a elwir yn fysedd celanedd gan hen-ferched oer eu gwaed.

100

105

Wrth iddi ddringo'r pren
i'w harddu â'i choronblethau,
torrodd y brigyn egwan y safai arno
a'i bwrw hi a'i blodau
i'r nant ddofn oddi tani. 110
Ymledodd ei gŵn dros wyneb y dŵr
a'i dal hi yno, ennyd,
fel petai hi'n fôr-forwyn,
a hithau'n mwmial canu darnau o hen alawon.
Parodd y trydar swynol hyd nes i'w gwisg, 115
wedi ei thrymhau gan ddyfroedd oer y ffrwd,
lusgo'r lodes druan i'w hangau yn y llaid.

LAERTES   Ac fe foddodd?

BRENHINES   Fe foddodd. Fe foddodd.

LAERTES   Cest ti dy wala o ddŵr, Offelia fach, felly wnaf i ddim wylo. 120
Ond mae'n anorfod. Dyna drefn Natur, cywilyddus ai peidio.
Ond pan dderfydd fy nagrau, darfydded y fenyw sy ynof hefyd.
Da bo chi, f'arglwydd. Buaswn yn bloeddio araith danllyd
oni bai fod y gwiriondeb hwn yn diffodd fy ngeiriau.

[Exit

BRENIN   Dere, Gertrwd. Cefais drafferth enfawr i liniaru'i lid. Rwy'n 125
ofni tanchwa arall 'nawr. Dere. Rhaid cadw golwg arno.

[Exeunt

Act 5

Golygfa **1**

Enter dau WERINWR

GWERINWR 1   Ydi hi i ga'l angladd Cristnogol a hitha wedi ceisio'i
Hiechydwriaeth ei hun?

GWERINWR 2   Ydi, mae hi. Felly torra di'r bedd 'na iddi rhag blaen. Ma'r
Crwnar wedi ista arni a deud bydd yr angladd yn
un Cristnogol.   5

GWERINWR 1   Sut medar hynny fod oni bai iddi foddi ei hun er mwyn achub
ei bywyd?

GWERINWR 2   Dyna'r dyfarniad, beth bynnag.

GWERINWR 1   Ma' hi'n amlwg, felly, fod yr achos yn *se offendendo*. Oblegid,
a dyma fynd at graidd y matar. Os ydw i'n boddi'n hun yn   10
fwriadol, ma' hynny'n golygu fod gweithred wedi ei chyflawni,
ac mae i bob gweithred dair cangen, sef yw, gweithredu,
gwneuthur a pherfformio, ac felly, yn ddiau ac yn bendifaddau,
mi foddodd hon ei hun yn fwriadol.

GWERINWR 2   Ond gwranda arna i, Mistar Claddwr ...   15

GWERINWR 1   Gyda'th gennad, gyfaill, ac os gweli di fod yn dda. Wele'r dŵr.
Iawn? Wele'r dyn yn sefyll ar lan y dŵr. Iawn? Os â'r dyn hwn
i'r dŵr hwn, boed o'i fodd neu o'i anfodd, mae efe, cofia di,
yn myned. Eithr, os y dŵr a ddaw ato ef, a'i foddi, nid yw efe
yn boddi ei hun, nac ychwaith, yn ddiau ac yn bendifaddau,   20
yn euog o hunan-laddiad nac o gwtogi ei einioes ei hun.

GWERINWR 2   A dyna farn y Gyfraith ar y matar?

GWERINWR 1   Heb os nac oni bai. Cyfraith cwêst y Crwnar.

GWERINWR 2   Wyt ti am glwad y gwir yn onast? 'Tai hon ddim yn fonheddig,
mi fasa wedi ei chladdu heb gladdedigath Gristnogol.   25

GWERINWR 1   Rwyt ti'n llygad dy le, wàs. Tydi hi'n gywilyddus ei bod hi'n
haws i bobol fawr foddi neu grogi eu hunain nag ydy hi i
Gristnogion bach cyffredin, fel chdi a fi? Ty'd yma'r hen raw

annwyl. Yr unig uchelwyr o hil gerdd ydi garddwyr, torwyr
ffosydd a thorwyr bedda. Nhw, a dim ond nhw, ydi unig   30
etifeddion proffesiynol Adda.

GWERINWR 2   Oedd hwnnw'n ŵr bonheddig?

GWERINWR 1   Fo oedd y gŵr arfog cyntaf yn hanes y Cread.

GWERINWR 2   Sut felly, a fynta heb arf o fath yn y byd?

GWERINWR 1   Twyt ti'n bagan! Tydi'r Ysgrythur yn deud yn blaen fod Adda'n   35
cloddio? Sut medra'r dyn gloddio heb raw? Ma'r ffaith bod
rhaw'n arf yn profi fod Adda'n arfog ac felly'n ŵr bonheddig.
Dyma gwestiwn arall iti. Os na fedri di ateb hwn, cer i dy grogi.

GWERINWR 2   Ty'd 'laen.

GWERINWR 1   Pwy sy'n adeiladu'n gadarnach na'r saer maen, y saer llonga   40
a'r saer coed?

GWERINWR 2   Y saer crocbren, am fod ei adeilad o'n goroesi mil o denantiaid.

GWERINWR 1   Doniol iawn, wàs. Ia'n wir. Peth llesol ydi crocbren. Pa les
mae o'n neud? Lles mawr i rei sy'n gneud drygioni. Roeddat ti
ar fai'n deud bod y crocbren yn gadarnach na'r eglwys. Ac felly, 45
yn ddiau ac yn bendifaddau, mi alla crocbren neud coblyn o les
i chdi. Ty'd eto.

GWERINWR 2   Pwy sy'n adeiladu'n gryfach na saer maen, saer llonga a saer
coed?

GWERINWR 1   Atab dy gwestiwn dy hun a deud wrth dy feddwl i fynd yn ôl   50
i gysgu.

GWERINWR 2   O'r gora, dyma fo'r atab.

GWERINWR 1   Ie? Ty'd 'laen.

GWERINWR 2   Daria. Dw i wedi anghofio.

GWERINWR 1   Paid ag andwyo'r 'mennydd pitw 'na sy gin ti. Eith mul ddim   55
cyflymach o'i guro. A'r tro nesa y gofynnith rhywun y
cwestiwn yna ichdi, ateba di, 'y torrwr bedda', am fod y
cartrefi mae o'n gneud yn para tan Ddydd y Farn. Cer i 'nôl
hannar galwyn o gwrw imi'r lembo.

[*Exit* YR AIL WERINWR

GWERINWR 1	[*Yn canu*]
	Pan oeddwn i'n fachgen 60
	Cusanau fy meinwen
	Oedd y moeth melysa'n y byd,
	A hyfryd oedd cwrddyd
	Gwefusau f'anwylyd,
	Ohh hyd, ac Ohh hyd ac Ohh hyd. 65
	Enter HAMLET *a* HORASIO
HAMLET	Oes gan y bwbach ronyn o barch at ei swydd? Torri bedd dan ganu!
HORASIO	O hen arfer, dyw'r gwaith yn mennu dim arno
HAMLET	Nac yw. Mae llaw sy'n anghyfarwydd â chaledwaith yn fwy teimladwy. 70
GWERINWR 1	[*Yn canu*]
	Ond wrth i henaint,
	Y bwystfil brwnt
	Fy ngwasgu yn ei ddwrn,
	Cusanau merched
	O bob siort 75
	Sy wedi mynd yn fwrn. [*Mae'n lluchio penglog i fyny*
HAMLET	Bu gan y penglog hwn dafod unwaith, a llais i ganu. Ac mae'r cnaf yn ei drin â chyn lleied o barch â phetai hwn oedd yr asgwrn gên asyn a ddefnyddiodd Cain, y llofrudd cyntaf. Gallai fod yn ben rhyw wleidydd ystrywgar. Digon hawdd, 80 ar f'enaid i.
HORASIO	Gallai, f'arglwydd.
GWERINWR 1	[*Yn canu*]
	Caib a rhaw, a rhaw,
	Amdo gwyn ac arch
	A thwll mawr du 85
	I'n gwestai cu
	Sy'n ddiddos yn ei arch.
HAMLET	Un arall, eto fyth! Penglog cyfreithiwr, o bosib. Dim rhagor o ddadlau, taeru a hollti blew. Nac o areithio, edliw a chamarwain barnwr a rheithgor. Pam mae e'n caniatáu i racsyn hanner pan 90

gystwyo'i gorun â hen raw front, heb ei gyhuddo o achosi niwed
corfforol difrifol? Hmm. Mae'n bosib i'r bonheddwr hwn fod yn
brynwr tir o fri yn ei ddydd, gyda'i weithredoedd, ei arwystlon,
ei dalebau dwbwl a'i atafaeliadau. Wele'r atafaeliwr wedi'i
atafaelu, a'r dirwywr wedi dirywio. Pridd mân mewn pen fu â'i   95
lond o feddyliau manwl. Bedd pwy yw hwn, wrda?

GWERINWR 1   F'un i, syr.
               [*Yn canu*]
               A thwll mawr du
               I'n gwestai cu,
               Mor ddiddos yn ei arch.   100

HAMLET   Rwyt ti'n siarad ar dy gyfer.

GWERINWR 1   Nac dw, syr. Dyma 'medd i ar gyfar rhywun arall, ylwch.

HAMLET   Pwy yw'r dyn rwyt ti'n torri'r bedd ar ei gyfer?

GWERINWR 1   Nid ar gyfar yr un dyn, syr.

HAMLET   Pa ddynes ynte?   105

GWERINWR 1   'Run ddynas chwaith. Dynas oedd hi cyn iddi farw.

HAMLET   [*Neilleb*] Y penbwl pedantig!
               [*Wrth y torrwr beddau*] Ers faint rwyt ti wedi bod yn dorrwr
               beddau?

GWERINWR 1   Pob dwrnod o bob blwyddyn er pan roddodd yr hen Frenin   110
               Hamlet gweir i Ffortinbras, hen frenin Norwy.

HAMLET   Faint sydd er hynny?

GWERINWR 1   Wyddoch chi ddim? Mi ŵyr pob ffŵl hynny. Hwnnw oedd yr un
               dwrnod yn union ag y ganwyd Hamlet ifanc, sy ddim yn gall,
               gafodd ei hel i Loegar.   115

HAMLET   Felly'n wir! Pam anfonwyd e i Loegr?

GWERINWR 1   Am nad oedd o'n gall. Mi ddaw ato'i hun fan 'no. A fydd hi
               fawr o bwys os na neith o.

HAMLET   Pam?

GWERINWR 1   Sylwith neb. Ma'r Saeson i gyd o'u coua.   120

HAMLET   Sut aeth e o'i go?

GWERINWR 1	Mewn ffor od iawn, meddan nhw.
HAMLET	Pa mor od?
GWERINWR 1	Od gynddeiriog.
HAMLET	Beth yw'r cefndir i'r hanes?

125

GWERINWR 1	Cefndir yr hanas ydi Gwlad Denmarc, syr, lle'r ydw i wedi bod yn dorrwr bedda ac yn glochydd ers deng mlynadd ar higian, cofiwch.
HAMLET	Faint o amser bydd dyn yn gorwedd yn y pridd cyn pydru?
GWERINWR 1	Wel, gin bellad â'i fod o ddim yn bwdwr yn barod, ac rydan ni'n cael geinia ac ôl y clwy tinboeth arnyn nhw dyddia hyn, mi barith wyth i naw mlynadd ichi. Naw go lew, os ydi o'n farcar.

130

HAMLET	Pam hwnnw, rhagor na rhywun arall?
GWERINWR 1	Am fod croen barcar fel lledar, ylwch, oherwydd natur ei waith o, ac yn cadw'r dŵr allan. Hen sglyfath am bydru cyrff ydi dŵr. Dyma ichi benglog sy wedi bod dan y dywarchan am dair blynadd ar higian.

135

HAMLET	Pwy oedd yn ei berchen e?
GWERINWR 1	Hen fachgan smala ar y naw. Pwy sa chi'n feddwl?

140

HAMLET	Does gen i'r un amcan.
GWERINWR 1	Peiriant os buo'na un erioed. Honco bost. Dolltodd y cena lond jwg o win gwyn am 'y mhen i unwaith. Pwy bia'r penglog yma? Neb llai a neb mwy na Ioric, ffŵl y Brenin ers talwm.
HAMLET	Hwn?

145

GWERINWR 1	Yn ddiau ac yn bendifaddau, syr.
HAMLET	Gad imi'i weld e. Ioric druan. Roeddwn i'n ei adnabod e, Horasio. Un doniol ddychrynllyd, llawn dychymyg. Cariodd fi ar ei gefn fil o weithiau. Mae'n ffiaidd meddwl am hynny'n awr. Yn codi cyfog ar ddyn. Yma roedd y gwefusau gusanais i mor aml. Ble mae d'eiriau bachog di'n awr? Dy rigymau di a dy driciau? Y fflachiadau ffraeth yn ennyn chwerthin mawr hyd y byrddau? Pwy sydd ar ôl i watwar dy wên di? Pam y geg gam, wàs? Cer at fwrdd ymbincio'r ladi dlos, a dweud wrthi, waeth

150

	faint o baent blastrith hi ar ei bochau, i hyn y daw hithau'n y 155

faint o baent blastrith hi ar ei bochau, i hyn y daw hithau'n y 155
diwedd. Pâr iddi chwerthin am ben hynny. Dyma gwestiwn iti,
Horasio.

HORASIO   Ie, f'arglwydd?

HAMLET   Oedd Alecsander Fawr yn edrych rhywbeth yn debyg i hyn,
wedi'i briddio?   160

HORASIO   Tebyg iawn, f'arglwydd.

HAMLET   Ac yn drewi cymaint? Pych!

HORASIO   Lawn cymaint, f'arglwydd.

HAMLET   Llwch i'r llwch, pridd i'r pridd. Bu farw Alecsander, claddwyd
Alecsander, troes Alecsander yn llwch, y llwch yn bridd, y   165
pridd yn glai, a pham na allai rhywun fod wedi defnyddio'r
clai hwnnw i gau hollt mewn casgen?

Iwl Cesar, enwog ŵr, sydd wedi marw;
Mae'n awr yn llenwi twll mewn casgen gwrw

Edrych! Edrych draw!   170

Enter Y BRENIN *a'r* FRENHINES *a* LAERTES *yn dilyn corff* OFFELIA,
ynghyd ag ARGLWYDDI'R LLYS *ac* OFFEIRIAD

Dacw'r Brenin a'r Frenhines, a rhai o bobol y Llys.
Yn dilyn arch pwy, ys gwn i?

[HAMLET *a* HORASIO'N *encilio*

LAERTES   Pa ddefod arall?

OFFEIRIAD   Roedd y gwasanaeth mor helaeth ag oedd dichon, gan fod ei
marwolaeth hi'n amheus. Ac oni bai fod gorchymyn oddi fry   175
wedi gwyrdroi'r drefn arferol, buasai'n gorwedd mewn daear
anghysegredig hyd Ddydd y Farn.

LAERTES   Dim rhagor na hyn 'na?

OFFEIRIAD   Dim. Buasem yn difwyno gwasanaeth claddedigaeth y meirw
trwy ganu offeren a weddai i un a adawodd y fuchedd hon   180
mewn tangnefedd.

LAERTES   Rhowch hi i orwedd yn y ddaear ac o'i chnawd dihalog tyfed
fioledau pêr. Clyw di, offeiriad taeog, bydd fy chwaer i'n angel
ymhlith angylion nef tra bydd d'enaid aflan di'n udo yn
fflamau uffern.   185

HAMLET	Sut? Offelia dlos?
BRENHINES	Blodau tlws ar y blodeuyn tlysaf. Da bo ti. [*Taena flodau drosti* Gobeithiwn y byddet ti'n wraig i fy Hamlet i, ryw ddydd, ac y cawn daenu blodau dros dy wely priodasol, nid dy fedd.
LAERTES	Melltith, ing a thrallod ar ben y diawl dienaid yr amddifadodd 190 ei weithred lofrudddiaethol di o'th ddeallusrwydd gloyw. Ataliwch y pridd, imi ei chofleidio am y tro olaf.

[Neidia i mewn i'r bedd

Pentyrrwch bridd am bennau'r byw a'r marw, nes cwyd y
gwastadeddau hyn gyfuwch ag Olympws.

HAMLET	[*Yn camu ymlaen*] Pwy yw hwn y mae ei alar yn diasbedain? 195 Wele fi, y Tywysog Hamlet.
LAERTES	Y diawl gipio'th enaid.
HAMLET	Gweddïwr gwael wyt ti. Tyn dy fysedd oddi ar fy nhagell. Gollwng fi.
BRENIN	Gwahanwch nhw ar unwaith. 200
BRENHINES	Hamlet, Hamlet!
PAWB	Foneddigion!
HORASIO	Pwyllwch, f'arglwydd! Tewch!
HAMLET	Fe ymladda i ag ef ynglŷn â'r mater hwn tra bo llygaid yn fy mhen. 205
BRENHINES	Ynglŷn â pha fater, fy mab?
HAMLET	Roeddwn i'n caru Offelia. Ni fyddai cariad deugain mil o frodyr gyda'i gilydd gymaint â 'nghariad i. Beth wnei di er ei mwyn?
BRENIN	Mae'n hollol wallgo.
BRENHINES	Daliwch e'n ôl, er mwyn Duw. 210
HAMLET	Dangos beth wnaet ti, myn gwaed y Gwaredwr! Wylo? Ymprydio? Darnio dy gnawd? Yfed afon? Llyncu crocodeil? Fe wna i hyn oll a mwy. Ddest ti yma i nadu? I'm herio i drwy neidio i mewn i'w bedd? Cael dy gladdu'n fyw gyda hi? 215 Fe wnaf i hynny. Ac os oes raid iti faldorddi am fynyddoedd, gad i'r rhain bentyrru miliynau o erwau drosom, yn domen i gyffwrdd â'r haul a gwneud i d'Olympws di edrych fel ploryn. Os mynni di gyfarth, fe wna innau arthio.

BRENHINES	Gwallgofrwydd llwyr yw hyn. Fydd dim tawelu arno tra deil y ffit.	220
HAMLET	Gwrandewch arna i, syr. Pa reswm sy' gennych i 'ngham-drin i fel hyn? Arferwn feddwl amdanoch chi fel cyfaill. Ta waeth am hynny'n awr. 'Gwneled y cawr yr hyn a fynno; Mae cripiad cath a brathiad ci yn brifo!'	225

[*Exeunt* HAMLET *a* HORASIO

BRENIN	[*Wrth* LAERTES] Cofia beth ddywedais i wrthyt ti neithiwr, a bydd yn amyneddgar. Rwyf am wthio'n cwch i'r dŵr. Gertrwd annwyl, gwylia dy fab. Pâr i rywrai ei warchod, nos a dydd. [*Exeunt*

Golygfa 2

Enter HAMLET *a* HORASIO

HAMLET	Roedd rhyw gythrwfl yn fy nghalon, gyfaill, yn pallu gadael imi gysgu. On'd yw rhagluniaeth yn pennu tynged dyn, er ei waethaf?	
HORASIO	Yn ddiamau.	
HAMLET	Lapiais fy hun mewn mantell forwrol, ymbalfalu drwy'r tywyllwch i'w caban nhw, cael fy nwylo ar yr hyn a geisiwn, sef y pecyn llythyrau, a dychwelyd i 'ngwâl fy hun, lle y parodd ofn imi anghofio moesau da a mentro datselio'r amlen lysgenhadol, grand. Ac ynddi, Horasio – O frenhinol anfadwaith – ynddi roedd archiad a ategwyd gan res o resymau, megis budd a lles Denmarc a Lloegr hefyd; gorchymyn pendant y dylid ar unwaith, gynted ag y darllenid y ddogfen, heb oedi i roi min ar y fwyell, dorri fy mhen oddi ar fy 'sgwyddau.	5 10
HORASIO	Mae'n anodd coelio.	

HAMLET	Dyma'r ddogfen. Darllen hi wrth dy bwysau, maes o law. Wyt ti am glywed beth wnes i nesaf?	15
HORASIO	Rydw i ar bigau'r drain, f'arglwydd.	
HAMLET	O gael fy hun ynghanol y fath ddihirwch, penderfynais lunio archiad newydd. Wyddost ti beth 'sgrifennais i?	
HORASIO	Dywedwch wrtho i, f'arglwydd.	20
HAMLET	Erfyniad taer oddi wrth ei Fawrhydi, Brenin Denmarc, ar i'w gyfaill gwiw a'i was dyledog, Brenin Lloegr, ddienyddio cludwyr y llythyr yn ddiymdroi, heb roi cyfle iddynt gyffesu, hyd yn oed.	
HORASIO	Ond sut y selioch chi'r amlen?	25
HAMLET	Â sêl-fodrwy fy nhad, sêl-fodrwy frenhinol Denmarc, oedd yn digwydd bod gen i mewn pwrs.	
HORASIO	Dyna ddiwedd y daith i Gildenstern a Rosencrants.	
HAMLET	Gweision da a ffyddlon iawn i'w meistr. Dyw 'nghydwybod ddim yn fy mhoenydio i.	30
HORASIO	Am deyrn!	
HAMLET	Dwyt ti ddim yn meddwl fod dyletswydd arna i nawr, gan fod hwn wedi lladd fy Mrenin a phuteinio fy mam, gwthio ei hun rhyngof i a'r Orsedd a rhoi cynnig ar fy llofruddio i; dwyt ti ddim yn cytuno y galla i, â chydwybod ddilychwin, dalu'r pwyth yn ôl, yn llawn, â'r llaw hon? Oni fyddai gadael i'r cancr annynol hwn barhau i ledaenu aflendid yn haeddu melltith dragwyddol?	35
HORASIO	Mae e'n bownd o glywed, cyn bo hir, beth ddigwyddodd yn Lloegr.	40
HAMLET	Cyn bo hir iawn. Ond fi biau'r cyfamser cwta. Hen ddigon i ddweud 'Cymer di hon 'na!' Ond mae'n edifar gen i, Horasio, imi ddifrïo Laertes.	
HORASIO	Tewch, f'arglwydd. Mae rhywun yn nesu.	
	Enter OSRIC	
OSRIC	A gaf i estyn croeso cynnes iawn yn ôl i Ddenmarc ichi, f'ardderchocaf arglwydd?	45

HAMLET	A gaf innau ddiolch yn ostyngedig iawn i chithau, syr? *[Neilleb wrth* HORASIO] Wyt ti'n adnabod y gwas neidr?
HORASIO	*[Neilleb wrth* HAMLET] Nac wyf, f'arglwydd.
HAMLET	*[Neilleb wrth* HORASIO] Mae d'enaid di'n iachach o'r herwydd. 50 Mae adnabod hwn yn bechod marwol.
OSRIC	F'arglwydd mwyn, petai eich arglwyddiaeth yn digwydd seibiannu, buaswn yn mentro eich hysbysu o ryw genhadaeth oddi wrth ei Fawrhydi.
HAMLET	Fe'i derbyniaf, syr, â phob dyledus barch a sylw. A gaf i ymbil 55 arnoch i wneuthur defnydd priodol o'ch penwisg? Sef ei gosod ar eich pen?
OSRIC	Diolch yn fawr iawn ichi, f'arglwydd, eithr y mae hi'n dwym iawn.
HAMLET	Nac yw, coeliwch chi fi. Mae hi'n oer iawn. A'r gwynt yn 60 chwythu o'r Gogledd.
OSRIC	Mae'n wir ei bod hi braidd yn oer, f'arglwydd.
HAMLET	Mae hi'n drymaidd dros ben, serch hynny, a'r gwres yn andwyo fy iechyd.
OSRIC	Mae'n enbyd, f'arglwydd, fel petai. Er na wn i ddim sut. Ond, 65 f'arglwydd, fe'm siarsiwyd i gan ei Fawrhydi i arwyddocáu wrthych chi ei fod wedi gosod cyngwystl trwm ar eich pen. Yn awr 'te, syr, dyma'r pwnc –
HAMLET	Os gwelwch yn dda, rwy'n erfyn arnoch – *[Mae'n gwahodd* OSRIC *i wisgo'i het*
OSRIC	Os gwelwch chi'n dda, f'arglwydd mwyn, gyda'ch cennad, er 70 esmwythâd imi. Mae Laertes, syr, newydd ddychwelyd i'r Llys. Bonheddwr o'r radd flaenaf un, af ar fy llw, yn llawn doniau a rhinweddau ac o bersonoliaeth ddeniadol odiaeth. Diau ei fod yn batrwm o warineb uchelwrol. Yn ymgorfforiad o nodweddion godidocaf boneddigeiddrwydd. 75
HAMLET	Ni hepgorwyd yr un elfen anhepgorol o'ch darluniad ohono, syr, eithr yr wyf i, serch hynny, yn dra ymwybodol y byddai cyfansoddi rhestr o'i rinweddau yn diffygio rhifyddeg y cof a bod, yn deillio o ddilysrwydd eich geiriau canmoliaethus,

	ddirnadaeth o gymeriad eneidfawr na allai'r sawl a geisiai	80
	ei efelychu obeithio am fod yn ddim amgenach na'i gysgod.	
OSRIC	Mae cywirdeb yr hyn a ddywed eich arglwyddiaeth yn ddiymwad.	
HAMLET	Pa beth yw arwyddocâd eich cyfeiriadaeth at y bonheddwr hwn?	85
OSRIC	Laertes, syr?	
HAMLET	Efe, syr.	
OSRIC	Diau nad ydych yn anwybodus parthed prif ragoriaeth Laertes. Hynny yw, syr, gyda golwg ar ei arf?	90
HAMLET	Beth yw ei arf?	
OSRIC	Meingledd a chyllell glun, syr.	
HAMLET	Dyna ddau. Ta waeth am hynny.	
OSRIC	Mae'r Brenin, syr, wedi cyngwystlo chwe march o Ogledd yr Affrig yn erbyn yr hyn a fentrir ganddo ef, sef chwe meingledd Ffrengig gyda'u hatodiadau, megis gweiniau, cenglau, gwregysau, ac yn y blaen. Mae tri o'r tordresau'n rhai cain odiaeth ac yn cydweddu'n fendigedig â charnau mirain y cleddyfau.	95
HAMLET	Beth ydych chi'n alw'n 'dordresau'?	
OSRIC	Y tordresau, syr, yw'r cenglau lledr sy'n cysylltu'r wain â'r gwregys.	100
HAMLET	Chwe march o Ogledd yr Affrig yn erbyn chwe chleddyf Ffrengig gyda'u hatodiadau a'u cenglau cain. Pam mae hyn oll wedi ei gyngwystlo, chwedl chithau?	
OSRIC	Y Brenin, syr, sydd wedi mentro, syr, na fydd Laertes, mewn cyfres o ddeuddeng gornest yn eich trechu chi gyda rhagor na thri chyffyrddiad. Mae'n cyngwystlo deuddeg i naw ar hynny, ac yn dymuno i'r gystadleuaeth gymryd lle rhag blaen, gyda'ch cydsyniad chi.	105
HAMLET	Beth petawn i'n gwrthod?	110
OSRIC	Rwy'n sôn am her bersonol ichi, f'arglwydd.	

HAMLET	Rwy'n arfer ymarfer fy nghorff yr adeg hon o'r dydd. Fe arhosa i yma, yn y Neuadd. Deled â'r arfau yma, os taw dyna ddymuniad y gŵr bonheddig, ac fe wnaf innau fy ngorau i ennill dros y Brenin. Os methaf, ddaw dim gwaeth i'm rhan 115 na mymryn o gywilydd ac ambell gyffyrddiad.
OSRIC	A gaf i eich caniatâd i ddychwelyd gyda'r genhadaeth honno'n gymwys?
HAMLET	A chyda phob addurniad geiriol y gallwch ei ddyfeisio.
OSRIC	Cymeradwyaf fy nyletswydd tuag at eich arglwyddiaeth. 120
HAMLET	A minnau, a minnau. [*Exit* OSRIC
HORASIO	Colli wnewch chi, f'arglwydd.
HAMLET	Nage. Rwyf wedi bod yn ymarfer yn gyson er pan aeth e i Ffrainc. Fe enilla i o fewn yr amodau hynny. Ond mae'r anniddigrwydd rhyfedda'n pwyso ar fy nghalon. Petai waeth 125 am hynny.
HORASIO	Na, gwrandewch, f'arglwydd ...
HAMLET	Ffwlbri yw e. Y math o bryder sy'n plagio menyw.
HORASIO	Os oes unrhyw amheuaeth yn eich meddwl, gwrandewch arni. Fe af i ar f'union i ohirio'r ornest gan ddweud nad ych chi'n 130 holliach.
HAMLET	Wnei di ddim o'r fath beth. Rhaid anwybyddu drwg-argoelion. Rhagluniaeth sy'n pennu pryd y syrth aderyn y to. Os digwydd hynny'n awr, ddaw e ddim maes o law. Os na ddigwydd e maes o law, fe ddaw e'n awr. Os na ddaw e'n awr, fe ddaw, 135 serch hynny. Bid a fo, parodrwydd sydd anhepgorol. Gad hi!
	Utgyrn a thabyrddau
	Bwrdd wedi ei arlwyo a chostreli gwin arno
	Enter SWYDDOGION *gyda chlustogau a* GWEISION *gyda chleddyfau, cyllyll clun a dyrnfolau*
	Enter Y BRENIN, Y FRENHINES, OSRIC, LAERTES *a'r holl* LYS
BRENIN	Dere, Hamlet, dere, a chymer y llaw hon gen i.
	[*Mae'n dodi llaw* LAERTES *yn un* HAMLET
HAMLET	Maddeuwch imi, syr. Fe wnes i gam mawr â chi. Gan eich bod chi'n fonheddwr, maddeuwch imi.

| LAERTES | Fel un dyn wrth ddyn arall, fe wnaf. Ond fel uchelwr ac arno | 140 |

LAERTES — Fel un dyn wrth ddyn arall, fe wnaf. Ond fel uchelwr ac arno 140
ddyletswydd i warchod ei enw da ei hun a'i dylwyth, ni allaf
gymodi nes bydd rheithgor o wŷr sy'n hyddysg yn
egwyddorion anrhydedd wedi dyfarnu fod cynsail i'r fath
gymrodedd. Tan hynny, derbyniaf y cyfeillgarwch a gynigir
fel un diffuant ac addo na wnaf ddim i'w dramgwyddo. 145

HAMLET — Diolch am eich cwrteisi mawrfrydig. Fe chwaraea i fy rhan
yn ddidwyll mewn ymryson brawdol. Rhowch yr arfau inni.
Dewch.

LAERTES — Dewch ag un i mi. Os gwelwch yn dda.

HAMLET — Gwrthwynebydd gwrthgyferbynnus fydda i, Laertes. Bydd fy 150
lletchwithdod fel cefnlen bygddu i seren danbaid, lachar eich
deheurwydd chi.

LAERTES — Rydych chi'n fy ngwatwar i, syr.

HAMLET — Nac ydw, ar f'enaid i.

BRENIN — Rho'r cleddyfau iddyn nhw, Osric, 'ngwas i. Hamlet, 155
fy nghâr – rwyt ti'n gwybod am y cyngwystl?

HAMLET — Ydw'n wir, f'arglwydd. Betiodd eich Mawrhydi ar y gwannaf.

BRENIN — Cholla i ddim. Rwyf wedi gweld y ddau ohonoch chi wrthi a
chan iddo fe wella'i safon, mae'r ods yn ei erbyn.

LAERTES — Mae hwn yn rhy drwm. Gaf i weld un arall? 160

HAMLET — Mae hwn i'r dim. Ydy'r arfau i gyd o'r un hyd?

OSRIC — Ydyn, f'arglwydd.

[Maent yn ymarfer ar gyfer y chwarae

BRENIN — Wele'r Brenin yn yfed i lwyddiant Hamlet, ac yn bwrw i'r
cwpan berl mwy gwerthfawr na'r un a geir yng nghoron
Denmarc. Llwncdestun y Brenin yw 'Hamlet!' Dewch! 165
Hai ati!

[Sain utgyrn

A chithau feirniaid, cadwch lygaid barcud arnyn nhw.

HAMLET — Dewch, syr.

LAERTES — Dewch, f'arglwydd. *[Chwaraeant*

HAMLET — Trawiad. 170

LAERTES	Naddo.	
HAMLET	Dyfarniad?	
OSRIC	Trawiad. Trawiad pendant.	
	[*Tabwrdd, utgyrn, ergyd. Cerddoriaeth. Magnel*	
LAERTES	O'r gore. Eto.	
BRENIN	Arhoswch. Dewch â diod imi. Hamlet, ti biau'r perl hwn.	175
	Iechyd da iti. Rhowch y cwpan iddo.	
HAMLET	Fe chwaraea i'r ornest nesaf gyntaf. Rhowch e o'r neilltu	
	am ennyd. [*Chwaraeant*	
	Trawiad arall. Beth ddwedwch chi?	
LAERTES	Cyffyrddiad, cyffyrddiad. Rwy'n cyfadde.	180
BRENIN	Mae'n mab ni'n mynd i ennill.	
BRENHINES	Mae braidd yn foliog ac yn brin ei wynt. Dere, Hamlet, cymer	
	fy nisied i. Sych dy dalcen. Yf y Frenhines i fuddugoliaeth	
	Hamlet.	
HAMLET	Diolch ichi, madam!	185
BRENIN	Paid ag yfed, Gertrwd!	
BRENHINES	Rwy'n mynnu, f'arglwydd. Maddeuwch i mi. [*Mae hi'n yfed*	
BRENIN	[*Neilleb*] Y ddiod wenwynig. Mae'n rhy hwyr.	
HAMLET	Does wiw imi yfed eto, madam. Yn y man.	
BRENHINES	Dere. Gad imi sychu dy wyneb di.	190
LAERTES	[*Neilleb wrth* Y BRENIN] Fe drawa i e'n awr, f'arglwydd.	
BRENIN	[*Neilleb wrth* LAERTES] Go brin.	
LAERTES	[*Neilleb*] Er bod hynny bron yn groes i 'nghydwybod.	
HAMLET	Dere. Unwaith eto, Laertes. Paid â gwamalu. Ymosod arna i	
	mor ffyrnig ag y gelli. Rho'r gore i chwarae â mi.	195
LAERTES	Chwarae, aïe? Dere. [*Ymladdant*	
OSRIC	Dim byd i'r naill na'r llall.	
LAERTES	Ac eto! [*Yn y sgarmes, clwyfir y ddau â'r arf gwenwynig*	
BRENIN	Gwahanwch nhw! Mae'r ddau'n gynddeiriog!	
HAMLET	Na. Dere di! Dere! [*Cwympa'r* FRENHINES	200

96

OSRIC	Ymgeleddwch y Frenhines.
HORASIO	Mae'r ddau'n gwaedu. Sut mae hi arnoch chi, f'arglwydd?
OSRIC	Sut wyt ti, Laertes?
HAMLET	Sut mae'r Frenhines?
BRENIN	Llewygodd o'u gweld nhw'n gwaedu. 205
BRENHINES	Na, na, y ddiod, y ddiod! O Hamlet, 'nghariad i! Y ddiod, y ddiod! Rwy i wedi 'ngwenwyno. *[Mae hi'n marw*
HAMLET	Anfadwaith! Hei! Clowch y drysau! Brad! Ble mae'r bradwr?
LAERTES	Mae e yma, Hamlet. Rwyt tithau'n trengi ac ni all yr un ffisig yn y byd d'achub di. Prin hanner awr o einioes sydd gen ti'n 210 weddill. Mae'r arf bradwrus yn dy law, yn flaenllym ac yn wenwynig. Trodd y cast dichellgar yn f'erbyn i mewn modd angheuol. Gwenwynwyd dy fam. Rwy'n darfod.Y Brenin. Y Brenin yw'r bradwr.
HAMLET	Y blaen wedi ei wenwyno hefyd? Wenwyn, gwna dy waith! 215 *[Mae'n clwyfo'r* BRENIN
PAWB	Brad! Brad!
BRENIN	Amddiffynwch fi, gyfeillion! Rwyf wedi 'nghlwyfo!
HAMLET	Yf di hwn, gythraul llosgachol, llofruddiaethol Denmarc. Llwnc e! *[Gorfoda'r* BRENIN *i yfed* Ffeindiest ti dy berl gwerthfawr? Cer ar ôl fy mam. 220 *[*Y BRENIN *yn marw*
LAERTES	Dyna'i haeddiant. Fe'i hunan fragodd y gwenwyn. Maddau imi, Hamlet, fel rwyf i'n maddau i ti. Na'th feier am fy marwolaeth i a 'Nhad, na minnau am dy farwolaeth di. *[Mae'n marw*
HAMLET	Maddeued y Nef iti. Rwy'n dy ddilyn. Rwy'n marw, Horasio. Ffarwél, Frenhines druan! Rwy'n gelain, Horasio. Tithau'n fyw. 225 Dywed y gwir amdanaf i a'm helbulon wrth rai allai fy nghollfarnu.
HORASIO	Dyna ofyn gormod. Rwy'n fwy o Rufeiniwr nag o frodor Denmarc. Mae diferion o'r gwirod ar ôl.

HAMLET	Cofia'n anad dim dy fod ti'n ddyn. Rho'r cwpan i mi.	230

HAMLET   Cofia'n anad dim dy fod ti'n ddyn. Rho'r cwpan i mi.   230
Gollwng e. Myn Duw, fe'i mynnaf! O, Horasio, rwy'n mynd,
â'm henw da'n anafus oherwydd llu o bethau sy'n dal ynghudd.
Os bu erioed le imi yn dy galon, ymwrthod â deniadau'r nef
ychydig hwy, a llenwi d'ysgyfaint ag anal chwerw i adrodd
fy hanes i wrth fyd didostur.   235
[Sŵn milwyr yn ymdeithio yn y pellter a bloeddio
Beth yw'r synau milwrol hyn?

OSRIC   Ffortinbras ifanc, sy'n dychwelyd yn fuddugoliaethus o Wlad
Pwyl, ac yn cyfarch llysgenhadon Lloegr.

HAMLET   Mae grym y gwenwyn yn goresgyn f'ysbryd, ac rwy'n 'madael.
Chaf i ddim byw i glywed y newydd o Loegr. Ond rwy'n   240
darogan mai Ffortinbras etholir yn Frenin Denmarc.
A minnau'n marw, bwriaf fy mhleidlais drosto. Dywed hynny
wrtho, a sôn am y digwyddiadau mawr a mân gymhellodd fi.
Taw wedyn.   *[Mae'n marw*

HORASIO   Holltodd calon fawr yn ddwy.   245
Nos da, 'Nhywysog annwyl.
Boed i gôr o angylion nef dy hebrwng i'th dragwyddol hun.

Enter FFORTINBRAS *gyda'r* LLYSGENHADON *a gosgordd yn*
cynnwys tabyrddwr, banerwyr a gwasanaethyddion

FFORTINBRAS   Yn enw'r Mawredd!

HORASIO   Os daethoch i weld gwae a galanastra, ni raid ichi fynd gam
ymhellach.   250

FFORTINBRAS   Heliwr milain achosodd y fath laddfa.
Angau balch, yn dy gell dragwyddol,
cei wledd amheuthun heno
ar ôl llorio nythaid o dywysogion ag un ergyd.

LLYSGENNAD   Golygfa drychinebus.   255
Cyrhaeddodd ein cenadwri ni o Loegr
yn rhy hwyr, gan mai byddar yw clustiau'r
hwn y gofynnwyd inni ei hysbysu
fod Rosencrants a Gildenstern
wedi eu dienyddio, yn unol â'i orchymyn.   260
Gan bwy, felly, y cawn ni gydnabyddiaeth?

HORASIO	Nid ganddo ef, hyd yn oed pe gallai lefaru.	
	Nid ef orchmynnodd eu lladd.	
	Ond gan ichi gyrraedd ar derfyn	
	y gyflafan waedlyd hon,	265
	chi o'ch rhyfel yng Ngwlad Pwyl,	
	chithau o Loegr,	
	perwch osod y celanedd hyn	
	ar lwyfan uchel yng ngŵydd y bobl,	
	a chaniatáu i minnau esbonio	270
	beth esgorodd ar y cyfwng.	
	Cewch glywed gennyf am weithredoedd	
	ffiaidd, gwaedlyd, annaturiol,	
	collfarnu mympwyol,	
	llofruddiaethau damweiniol,	275
	a megis coron wrthun ar y cyfan,	
	marwolaethau bradwrus	
	a chynllwyn yn mynd o chwith	
	gan ddistrywio'r bradwyr.	
	Rwy'n addo y cewch	280
	ddatganiad didwyll, cywir gennyf.	
FFORTINBRAS	Gorau po gyntaf y clywir ef	
	gennym ni, ynghyd â goreugwyr y deyrnas.	
	O'm rhan fy hun, cofleidiaf,	
	gan alaru, fy ffawd dda.	285
	Etifeddais hawliau yn y deyrnas hon,	
	ac yn awr manteisiaf ar y cyfwng	
	ffafriol hwn i'w hybu a'u hyrwyddo.	
HORASIO	Caf achos i sôn am hynny maes o law,	
	fel lladmerydd un y bydd ei farn	290
	yn ennyn rhagor o gefnogaeth.	
	Gwneled hynny'n ddi-oed,	
	rhag i'r meddyliau anystywallt	
	sy'n berwi ym mhennau dynion	
	esgor ar fwy o anhrefn a chythrwfl.	295

FFORTINBRAS   Deled pedwar capten
i gludo Hamlet, fel milwr, i'r llwyfan.
Diau y buasai'n Frenin enwog
petai wedi cael ei gyfle.
Ac er ei glod, seinied miwsig a defodau milwrol,   300
i'w hebrwng o'r byd hwn i'r byd a ddaw.
Ewch â'r celanedd ymaith.
Gwedda'r olygfa hon i faes y gad;
yma mae'n dramgwyddus.
Ewch, gorchmynnwch i'r magnelau danio.   305
    [Exeunt dan orymdeithio; wedyn clywir magnelau'n tanio

DIWEDD

Act 5

Golygfa **1**

Enter dau WERINWR

GWERINWR 1   Odi hi i ga'l angladd Cristnogol a hithe wedi ceisio'i Hiechydwriaeth ei hun?

GWERINWR 2   Odi, mae hi. Felly torra di'r bedd 'co iddi'n glou. Ma'r Crwner wedi iste arni a dweud bydd yr angladd yn un Cristnogol.

GWERINWR 1   Sut gall hynny fod oni bai iddi foddi ei hun er mwyn achub ei   5
bywyd?

GWERINWR 2   Dyna'r dyfarniad, ta p'un.

GWERINWR 1   Ma' hi'n amlwg, felly, fod yr achos yn *se offendendo*. Oblegid, a dyma fynd at graidd y mater. Os odw i'n boddi'n hun yn fwriadol, mae hynny'n golygu fod gweithred wedi ei chyflawni,   10
ac mae i bob gweithred dair cangen, sef yw, gweithredu, gwneuthur a pherfformio, ac felly, yn ddiau ac yn bendifaddau, fe foddodd hon ei hun yn fwriadol.

GWERINWR 2   Ond gwranda di arna i, Mistir Claddwr ...

GWERINWR 1   Gyda'th gennad, gyfaill, ac os gweli di fod yn dda. Wele'r dŵr.   15
Iawn? Wele'r dyn yn sefyll ar lan y dŵr. Iawn? Os â'r dyn hwn i'r dŵr hwn, boed o'i fodd neu o'i anfodd, mae efe, cofia di, yn myned. Eithr, os y dŵr a ddaw ato ef, a'i foddi, nid yw efe yn boddi ei hun, nac ychwaith, yn ddiau ac yn bendifaddau, yn euog o hunan-laddiad nac o gwtogi ei einioes ei hun.   20

GWERINWR 2   A dyna farn y Gyfraith ar y mater?

GWERINWR 1   Heb os nac oni bai. Cyfraith cwêst y Crwner.

GWERINWR 2   Wyt ti am glywed y gwir yn onest? Petai hon ddim yn fonheddig, fe fyddai wedi ei chladdu heb gladdedigaeth   25
Gristnogol.

GWERINWR 1	Rwyt ti'n llygad dy le, bachan. On'd yw hi'n gywilyddus ei bod hi'n haws i bobol fawr foddi neu grogi eu hunain nag yw hi i Gristnogion bach cyffredin, fel ti a fi? Dere ma'r hen raw annwyl. Yr unig uchelwyr o hil gerdd yw garddwyr, torwyr ffosydd a thorwyr bedde. Nhw, a dim ond nhw, yw unig etifeddion proffesiynol Adda.	30
GWERINWR 2	Oedd hwnnw'n ŵr bonheddig?	
GWERINWR 1	Fe oedd y gŵr arfog cyntaf yn hanes y Cread.	
GWERINWR 2	Sut felly, ac ynte heb arf o fath yn y byd?	35
GWERINWR 1	On'd wyt ti'n bagan! On'd yw'r Ysgrythur yn dweud yn blaen fod Adda'n cloddio? Sut galle'r dyn gloddio heb raw? Ma'r ffaith bod rhaw'n arf yn profi fod Adda'n arfog ac felly'n ŵr bonheddig. 'Co gwestiwn arall iti. Os na alli di ateb hwn, cer i dy grogi.	40
GWERINWR 2	Dere 'mlaen.	
GWERINWR 1	Pwy sy'n adeiladu'n gadarnach na'r saer maen, y saer llonge a'r saer coed?	
GWERINWR 2	Y saer crocbren, am fod ei adeilad e'n goroesi mil o denantiaid.	45
GWERINWR 1	Doniol iawn, fachan. Ie wir. Peth llesol yw crocbren. Pa les mae e'n neud? Lles mawr i rai sy'n gwneud drygioni. Roeddet ti ar fai'n dweud bod y crocbren yn gadarnach na'r eglwys. Ac felly, yn ddiau ac yn bendifaddau, galle crocbren wneud lles mawr i ti. Dere 'to.	50
GWERINWR 2	Pwy sy'n adeiladu'n gryfach na saer maen, saer llonge a saer coed?	
GWERINWR 1	Ateb dy gwestiwn dy hun a dweud wrth dy feddwl i fynd yn ôl i gysgu.	
GWERINWR 2	O'r gore, 'co fe'r ateb.	55
GWERINWR 1	Ie? Dere 'mlaen!	
GWERINWR 2	Damo. Rwy wedi anghofio.	
GWERINWR 1	Paid ag andwyo'r 'mennydd pitw'na sy 'da ti. Eiff mul ddim cyflymach o'i guro. A'r tro nesa y gofynnith rhywun y cwestiwn 'na iti, ateba di, 'y torrwr bedde', am fod y cartrefi	60

mae e'n gwneud yn para tan Ddydd y Farn. Cer i 'nôl hanner
galwyn o gwrw imi'r twpsyn.

[Exit YR AIL WERINWR

GWERINWR 1   *[Yn canu]*
Pan oeddwn i'n fachgen
Cusanau fy meinwen
Oedd y moeth melysa'n y byd,   65
A hyfryd oedd cwrddyd
Gwefusau f'anwylyd,
Ohh hyd, ac Ohh hyd ac Ohh hyd.

Enter HAMLET *a* HORASIO

HAMLET   Oes gan y bwbach ronyn o barch at ei swydd? Torri bedd dan
ganu!   70

HORASIO   O hen arfer, dyw'r gwaith yn mennu dim arno.

HAMLET   Nac yw. Mae llaw sy'n anghyfarwydd â chaledwaith yn fwy
teimladwy.

GWERINWR 1   *[Yn canu]*
Ond wrth i henaint,
Y bwystfil brwnt   75
Fy ngwasgu yn ei ddwrn,
Cusanau merched
O bob siort
Sy wedi mynd yn fwrn.   *[Mae'n lluchio penglog i fyny*

HAMLET   Bu gan y penglog hwn dafod unwaith, a llais i ganu. Ac mae'r 80
cnaf yn ei drin â chyn lleied o barch â phetai hwn oedd yr
asgwrn gên asyn a ddefnyddiodd Cain, y llofrudd cyntaf.
Gallai fod yn ben rhyw wleidydd ystrywgar. Digon hawdd, ar
f'enaid i.

HORASIO   Gallai, f'arglwydd.   85

GWERINWR 1   *[Yn canu]*
Caib a rhaw, a rhaw,
Amdo gwyn ac arch
A thwll mawr du
I'n gwestai cu
Sy'n ddiddos yn ei arch.   90

HAMLET   Un arall, eto fyth! Penglog cyfreithiwr, o bosib. Dim rhagor o
           ddadlau, taeru a hollti blew. Nac o areithio, edliw a chamarwain
           barnwr a rheithgor. Pam mae e'n caniatáu i racsyn hanner pan
           gystwyo'i gorun â hen raw front, heb ei gyhuddo o achosi
           niwed corfforol difrifol? Hmm. Mae'n bosib i'r bonheddwr   95
           hwn fod yn brynwr tir o fri yn ei ddydd, gyda'i weithredoedd,
           ei arwystlon, ei dalebau dwbwl a'i atafaeliadau. Wele'r
           atafaeliwr wedi'i atafaelu, a'r dirwywr wedi dirywio. Pridd
           mân mewn pen fu â'i lond o feddyliau manwl. Bedd pwy yw
           hwn, wrda?   100

GWERINWR 1 F'un i, syr.
           [*Mae'n canu*]
           A thwll mawr du
           I'n gwestai cu,
           Mor ddiddos yn ei arch.

HAMLET   Rwyt ti'n siarad ar dy gyfer.   105

GWERINWR 1 Nac ydw, syr. Dyma 'medd i ar gyfer rhywun arall, welwch chi.

HAMLET   Pwy yw'r dyn rwyt ti'n torri'r bedd ar ei gyfer?

GWERINWR 1 Nid ar gyfer yr un dyn, syr.

HAMLET   Pa ddynes ynte?

GWERINWR 1 'Run ddynes chwaith. Dynes oedd hi cyn iddi farw.   110

HAMLET   [*Neilleb*] Y penbwl pedantig!
           [*Wrth y torrwr beddau*] Ers faint rwyt ti wedi bod yn dorrwr
           beddau?

GWERINWR 1 Pob dwrnod o bob blwyddyn er pan roddodd yr hen Frenin
           Hamlet grasfa i Ffortinbras, hen frenin Norwy.   115

HAMLET   Faint sydd er hynny?

GWERINWR 1 Wyddoch chi ddim? Fe ŵyr pob ffŵl hynny. Hwnnw oedd yr
           un dwrnod yn union ag y ganwyd Hamlet ifanc, sy ddim yn
           gall, gafodd ei hala i Loegr.

HAMLET   Felly'n wir! Pam anfonwyd e i Loegr?   120

GWERINWR 1 Am nad oedd e'n gall. Fe ddaw ato'i hun fan 'co. A fydd hi
           fawr o bwys os na wnaiff e.

HAMLET	Pam?
GWERINWR 1	Sylwith neb. Ma'r Saeson i gyd o'u coue.
HAMLET	Sut aeth e o'i go?
GWERINWR 1	Mewn ffor' od iawn, medden nhw.
HAMLET	Pa mor od?
GWERINWR 1	Od gynddeiriog.
HAMLET	Beth yw'r cefndir i'r hanes?
GWERINWR 1	Cefndir yr hanes yw Gwlad Denmarc, syr, ble'r odw i wedi bod yn dorrwr bedde ac yn glochydd ers deng mlynedd ar hugain, cofiwch.
HAMLET	Faint o amser bydd dyn yn gorwedd yn y pridd cyn pydru?
GWERINWR 1	Wel, cyn belled â'i fod e ddim yn bwdwr yn barod, ac rŷm ni'n cael ugeinie ac ôl y clwy tinboeth arnyn nhw y dyddie hyn, fe barith wyth i naw mlynedd ichi. Naw go lew, os yw e'n farcer.
HAMLET	Pam hwnnw, rhagor na rhywun arall?
GWERINWR 1	Am fod croen barcer fel lledr, welwch chi, oherwydd natur ei waith e, ac yn cadw'r dŵr ma's. Hen fochyn am bydru cyrff ydy dŵr. 'Co ichi benglog sy wedi bod dan y dywarchen am dair blynedd ar hugain.
HAMLET	Pwy oedd yn ei berchen e?
GWERINWR 1	Hen fachgen doniol ofnadw. Pwy 'se chi'n feddwl?
HAMLET	Does gen i'r un amcan.
GWERINWR 1	Cob os bu un erioed. Hanner call a dwl. Arllwysodd y diawl jwgaid o win gwyn am 'y mhen i unwaith. Pwy bia'r penglog yma? Neb llai a neb mwy na Ioric, ffŵl y Brenin 'slawer dydd.
HAMLET	Hwn?
GWERINWR 1	Yn ddiau ac yn bendifaddau, syr.